樋口万太郎・若松俊介

たりない2人の教育論

樋口万太郎

若松　俊介

著

明治図書

JN041592

はじめに

本書を手に取っていただきありがとうございます。

本書を手に取っていただいた皆さんは，

・自分自身をアップデートしたい

・現状に閉塞感を感じている

などもしかしたらお悩みを抱いているのではないでしょうか。また，若松・樋口を知っているという人もいることでしょう。

「はじめに」を書いているときは，ちょうど Netflix でオードリー若林さんと星野源さんとの対談番組が始まるなど，対談をしていく中でお互いの考えを深めていくということがこれからより流行するのかもしれません。オードリー若林さんと星野源さんとの対談番組も1年間かけての番組づくりだったようです。この本も「往還」というスタイルでお互いの考えをやりとりしました。本業が忙しいときには，返答をどうすればよいのか悩んだときには，返信も遅くなりました。そんなことを繰り返していくといつのまにか本書も1年以上たっていたのです。改めて，書き終えた今，1章から読み直してみると，「こんなことを書いていたのか」と懐かしく思うほどです。

もう1人の筆者，若松先生とは前任校で共に働いていました。毎日のように朝，校門で子どもたちが登校するのを見守りながら，教育談義をしていました。それが，ぼくが違う学校にうつったことで，なくなりました。

本書は，その教育談義を再現するとともに，もう少し深くまで掘ってみようと思い，企画をしました。ぼくたち2人共，完璧な先生！すごい先生！とは思っていません。まだまだたりていない，できていないこともある，悩んでいることもある。だからこそ，2人の教育談義でたりていない所を少しでも補おうとしていたのかもしれません。結構，思っていたことを包み隠さず書いているところもあります。

さぁ，2人のやりとりをお楽しみください。

樋口万太郎

目次

■ 樋口先生

■ 若松先生

はじめに

第1章　2人の教師観

第2章　2人の学級経営

第3章　2人の授業づくり

第4章　教師の仕事術等

第5章　それからの2人

おわりに

2人の教師観

2人の教師観

樋口先生 ✕ 若松先生

1-1 職人？

　この章は，樋口からスタートをしていきます。1章では，それぞれの教師観について掘り下げていき，明らかにしていくことをゴールとしています。様々な実践や話をしていくために，OSといえる「教師観」が大切になってきます。

　きっと若松先生はこれから先も教師観が日々アップデートしていくことでしょう。今原稿を書いている段階の教師観と本が発行される頃の教師観では，変わっていることでしょう。それほど様々なことを吸収し，自分なりに解釈をしていくスピードが速い先生だなと思っています。

　そんなふうに若松先生を見ているのですが，実は，ある日の若松先生のSNSの投稿で驚いたことがあります。詳細までは覚えていないのですが，「将来，職人的な教師になりたい」と書いていたのです。ぼくの中では「職人」という言葉が意外だったのです。

　職人という言葉をwikipediaで調べてみると，
職人とは，自ら身につけた熟練した技術によって，手作業で物を作り出すことを職業とする人のことである。
と書かれていました。

　ここ最近の教育界は職人的な先生，専門的な先生になるための努力よりも，ファストファッション的な誰でもすぐに手軽に取り組むことができることの

方が好まれる傾向にあるように感じています。また，後者のことを発信する実践家が求められているようにも感じています。

　誰でもすぐに手軽に取り組むことができることを否定しているわけではありません。ぼくがこれまで出してきた本にもそのような本は多くあります。どちらも必要だと思うのです。

　決して，若松先生の実践が誰でもすぐに手軽に取り組むことができると言っているのではありません。むしろ，誰よりも職人的なのです。プロ教師なのです。でも，その部分を隠しているというのか，見せたくないというのか…。何か，職人という言葉がぼくの中で合わないのです。だからといって，違う言葉が見つからないのですが…。ちなみにぼくは以前は授業職人を目指していましたが，今は目指していないようにも思います。

1-2　樋口から若松先生への質問　　樋口先生

　そこで思ったのです。

　若松先生の1番最初の初期の教師観はなんなのでしょうか。

　初期は誰に影響を受けたのでしょうか。

　また，どうしてその人の考えを自分に取り入れようと思ったのか。

　そういうことを知りたいです。

　ぼくの場合は，元筑波大学附属小学校の田中博史先生です。1年目の夏に，筑波の講堂で授業を観たときに，衝撃を受けました。自然と笑顔になっていたのです。そして，こんな先生にぼく自身がなりたいと思い，強い憧れを抱くようになりました。

　そこから，田中先生をはじめ，算数部のみなさんの考えや授業スタイルを多く知ろうとしました。筑波のコピーだなと言われたこともありましたが，間違いなく田中先生をはじめ，算数部のみなさんの考えや授業スタイルがぼくの初期の教育観になります。

2-1　１番最初の教師観

若松先生

　教師観について考えるのは面白いですね。これまで，初期の頃の教師観について じっくりと考えたことがありませんでした。教師観と教育観，子ども観はまた違うような，同じような…と，ちょっとその言葉について迷っている自分もいます。「教師と言えば○○」「理想の教師像」というイメージですかね？

　最初は，ドラマの影響が大きかったです。教師になる前からずっと「３年B組金八先生」というドラマを見ていたので，「教師と言えば金八先生」「金八先生みたいになりたい」と思っていました。金八先生は，たとえ荒れたクラスであっても熱さや言葉の力でなんとかクラスをまとめていました。そんな姿に憧れていました。

　また，教師１年目の時に流行っていた「ROOKIES」というドラマにも影響を受けました。ドラマに登場する川藤先生が「夢にときめけ！明日にきらめけ！」など，熱い言葉で野球部のメンバーを率いていく姿に魅力を感じました。

　金八先生，川藤先生に共通しているのは熱さと言葉の力の強さです。どんなやんちゃな子どもたちやまとまりのない学級（チーム）でも，こうした教師の力でうまくまとめていくことができるのだなと思い，こんな教師を目指そうと思いました。「学級崩壊だけにはなりたくない」という不安な気持ちも大きく影響していたかもしれません。

　さらには，職場におられた３歳年上の先輩である山野元気先生に大きな影響を受けました。山野先生は本当に人として魅力あふれる方でした。厳しさ，おもしろさ，発想の豊かさ…と，大きな刺激を受けました。

　山野先生がどのように子どもたちと関わっているかを見て真似をしたり，分からないことを相談したりしながら，たくさんのことを吸収しようとしました。「まずは自分自身の心がぐっと動くかどうかが大事やで」と伝えてく

ださったことは今でも大事にしています。

　ボク自身，ずっとマニュアルが大好きな人間でした。大学受験の際には「こうすればうまくいく」という勉強法を読むことから始めたり，教員採用試験の時には，これまでの面接質問例をたくさん挙げてノートに回答例を書き出したりと，「決まった何か」があることで安心しようとしていました。

　教師になってからも，まずは「４年生担任の１年間」「この声かけでクラスがうまくいく」といった本を買って読んでいました。でも山野先生にはそんなマニュアルなんかありません。これまで自分が大事にしてきたことと大きく違ったからこそ，魅力を感じたのでしょう。

2-2　理想の教師観と自分とのギャップ

若松先生

　初期の教師観についてつらつらと書いていたら，「職人」の話までたどり着きませんでした。ただ，こうした時期があったことが，「職人」を目指そうと思ったことにつながります。「職人をめざす」については，また次回にくわしく書こうと思います。

　そこともつながるのですが，樋口先生は田中先生を「理想」としたことで，よかったことや困ったことはなかったでしょうか。いきなり田中先生のようになれるわけでもなく，自分の教材研究も追いつかず…という理想の教師像とのギャップで苦しんだことはなかったでしょうか。

　もしかすると，「理想とする」についても樋口先生なりのものがあるかもしれません。ボクは職場の身近な先生が「理想の先生」だったので，常にその姿を見ながら追いかけることができました。樋口先生は，田中先生を「理想」としてどのように追いかけられたのでしょうか。

　こんなことを書きながら，「樋口先生なら，どんどんカメレオンのようにいろんな理想を見つけて自分に取り入れたのではないかな」とも思っています。そのエネルギーがどこからくるのかも知りたいです。

3-1 みんなそれぞれ主人公

樋口先生

　ぼくにはたくさんの憧れの先生がいます。田中博史先生を理想としたのですが，それと同時に「この人を超えたい」と思いました。もしかしたら，憧れというよりライバルのように思ったのかもしれません。なんておこがましいのでしょうか。

　こういったことを1年目から思っていました。とても不思議ですよね。とても生意気な若手に見えますよね（笑）なぜそのように思ったのか，よく覚えてはいません。もしかしたら，「どれだけ頑張ってもこの人にはなれない」と思っていたのかもしれません

　ぼくは，大人になった現在もなにわ男子から日向坂46まで様々なアイドルが好きです。めっちゃ詳しいよねとよく言われます。それは，子どものときからそうでした。

　でも，このようなアイドルになりたいとか，このアイドルと付き合いたいとか，そういった感覚はありませんでした。よく冗談で，「なにわ男子に入りたい」と言いますが，あくまで冗談です。アイドルが歌を歌う，踊る，デビューまでの苦労話といったコンテンツが何よりも好きなのです。そのコンテンツによって喜び，ときには涙を流すといったことが好きなのです。そこには，かわいい，かっこいい，そんなことを超えたものがあるのです。

　それらのコンテンツにはそれぞれの色があって，構造は似ているかもしれませんが，まったく同じものはありません。だから，コンテンツの数だけ楽しみがあるのです。

　ぼくも若松君も書籍を出版しているので，大きな視点で見ればコンテンツなのかもしれません。ただ，そのコンテンツを楽しんでいるのではなく，そのコンテンツ内にいる人，主人公なのです。それはぼくたちだけでなく，読者のみなさんも，みんなそれぞれのコンテンツの主人公なのです。

　他者の作り上げたコンテンツを追い求めていくことも大事だし，それと同

じくらい自分が主人公のコンテンツも大切だということです。ぼくはこんな性格だから，自分が主人公のコンテンツを楽しんでいるのかもしれません。

　だから，自分が主人公のコンテンツ内で苦しいことや困ったことは多くあっても，田中先生を「理想」としたことで，困ったことは特にはありません。自分と田中先生は何が違うのだということはよく考えていました。

　一つのコンテンツを追い求め，極めていくタイプとはぼくは少し違います。だから，前回の話に戻りますが，職人タイプとはぼくはそもそも違うのです。

3-2 エネルギーはどこから？

　このエネルギーの理由は，３つあります。

　１つ目は，自分の授業が上手だと思えないからです。元同僚には若松先生をはじめ，木村先生，長野先生，山川先生と身近にすごい実践家がいました。そんな先生方と自分の授業を比べると，まだまだだなぁと思うのです。そして，もっと力をつけないといけないなと思うのです。

　２つ目は，附属教員として発信をしていかないといけないと思っていたからです。附属教員として発信することは義務です。

　３つ目は新たなことが好きということです。Apple の新商品が出ると，新しいものが欲しくなります。それと同じで新しいことを知ると，自分で試したくなります。最近だと，パフォーマンス課題，けテぶれなんかを試したくなり，実際にしました。これまでもたくさん試したことがあります。でも，自分に合わないと思うようなこと，児童の実態に合わないと思うようなことはすぐに実践をすることを辞めます。もっときちんと継続して取り組むべきだと思われるかもしれませんが，これは自分の感覚で。

　ちなみに今年は，子ども達自身が「めあてを書く」ということに取り組んでみようと計画中です。新しいことをするとき，どのようにしていこうか考えることって，とてもワクワクしませんか？

若松先生

　樋口先生から「憧れというよりライバルのように思った」という言葉が出てきて，確かにボクも憧れている先生はいなかったなと思います。教師になる前，金八先生に憧れたことはありましたが，教師になってからは「憧れる」という感情にはならなかったです。

　先ほど書いた山野先生も同じくです。魅力を感じて刺激は受けましたが，あくまでも自分は自分だったので，自分のできることを探しました。真似しようとしてもできない存在だったのも大きかったかもしれません。それぐらい，山野先生はボクとあまりにも違う魅力を持った方でした。

　1年目の後半に，国語の研究会に入ったこともボクにとっては大きな転機となりました。ボクが小学校の時の担任の先生が現在の代表を務めていた会なのですが，文字起こしされた実践記録を読んだり，子どもの思考や教師の出方について議論したり…と，とても濃かったです。

　会では，実践記録から子どもの思考やつながりを見つけることができずに苦労しました。先輩の先生方はとても深い議論をされていて，なかなかその議論についていけなかったのです。ただ，わからないなりに，とにかく「一回は質問をする」を自分に課して挑みました。

　会の後には，中心メンバーの60代の方たちと居酒屋に行き，更に熱い議論を交わしました。ついていくのは難しかったのですが，「子ども」の話をされていたので，理解できないことはありませんでした。「そう見ることもできるのか」「そんな風に捉えると，また解釈が広がるのか」…と，毎回多くの発見が生まれて嬉しかったです。

　教師の手立て，授業の進め方というよりかは，常に子どもの見方や受け止め方を学んでいました。だからこそ，「こんな授業ができるようになりたい」「こんな発問ができるようになりたい」と理想を求めるというよりも，「もっと子どもたちのことを受け止められるようになりたい」「もっとその子を見

る目を鍛えたい」と，自分の内側を育てていこうと思うことができました。1年目からこうした会で学べて幸せ者だなと思っています。

4-2　新しい実践に取り組む？

若松先生

　だから，自分が大事にしていることはずっと変わっていないんですよね。8年ほど前に，先輩の先生から「そろそろ『問い』だけでなく，違う実践にも取り組んでみたら？」とお声かけいただいたのですが，あまり興味を持てませんでした。ちょっと迷いはしましたけど。

　ちなみに「職人になりたい」と思ったのは教師2年目で3年生の担任をしていた時です。学年主任の先生が『木のいのち木のこころ〈天〉』（西岡常一，草思社，1993）という本を貸してくださり，「木は人間と同じで一本ずつが全部違う。それぞれの木の癖を見抜いてそれにあった使い方をしなければ…。」という職人の姿に感銘を受けて，自分もそんな教師になりたいと思うようになりました。

　まだそのような職人になりきれていないので，「新しい何かに取り組む」という意識は持っていません。ただ，自分の価値観や視点が固定化されてしまっては成長しないので，こだわりは大切にしつつ，でもそのこだわりを疑うことができるようになりたいです。アンラーンですね。

　「その子の『今』を捉えて，必要な指導や支援を模索する」ことは，樋口先生も大事にされているのではないでしょうか？だから，職人タイプではないということがイメージできません。結構，どの先生もそこを追究されているのではないかと思っていました。

　新しいことをする時のわくわくについて，もう少しくわしく教えてほしいです。そこに樋口先生の学びや成長の秘密が隠されているように思います。ただ単に「誰かの新しい実践に取り組む」とは少し違うのではないかと捉えています。

5^{-1}　憧れの先生も変化

　ぼくたち二人に共通している「憧れの先生はいない」「自分は自分」という考えは教師としての資質なのかもしれません。身につけたくてもできないことなのかもしれません。

　ただ，「憧れの先生はいない」「自分は自分」ということと「憧れを持ちその人を追い続ける」ということに優劣は無いと思います。むしろ，ぼくはそちら側に憧れたりしています。その方がある意味，一途というか骨太というような感じがします。

　ぼくたちの若手時代の「憧れの先生」という存在はここ数年でだいぶ変わってしまったように思います。SNS により，憧れの先生は「会いに行ける憧れの先生」になってしまったように思います。ぼくは会うために毎週のように東京に行っていました。とても大変でした。だから，今の若手も苦労しろよ…というわけではありません。むしろ，大いに利用すれば良いと思っています。そして，いつまでもその人に憧れ意識を持つのではなく，その人を超えることが求められると思います。それこそが，教師の成長につながると思っています。以前よりも憧れの先生なんか超えやすいのだと思います。そう考えると，憧れの先生も消費コンテンツなのかもしれません。

5^{-2}　「誰かの新しい実践に取り組む」とは少し違う

　若松先生が書かれているように，「誰かの新しい実践に取り組む」とは少し違うように思います。

　「その子の『今』を捉えて，必要な指導や支援を模索する」ための必要な指導や支援はその先生の引き出しがないと太刀打ちできないと思います。だから，20代のときは様々な引き出しを作ることが大切だと思います。

　20代の先生がX（旧 Twitter）や Instagram の実践を参考にすることはあ

りだと思っています。ただ，XやInstagramの実践はある部分を切り取っ
たトリミング実践だとも思っています。その実践のコアの部分をしっかり理
解できるのか…という心配はしています。が，20代の時の自分はそんなこと
を別に気にしていませんでした。経験年数を重ねるにつれて，身につくもの
かなとも思っています。

　ぼく自身も，20代の時はhow toをとにかく読みまくりました。そして，
そのhow toは常にぼくの引き出しに蓄えられています。そのため，授業に
ついて考えるとき，どうしようかと，いくつかの引き出しが勝手に開きます。
イメージは仮面ライダーWのフィリップです（笑）

　そして，最大の理由はおそらく自分の中での理想の授業があるのだと思い
ます。ただ，その理想の授業については，言語化はできません。漠然として
います。その理想の授業をいつまでも追い求めているのだと思います。

　その理想の授業に当てはまる取り組みを見つけ，理想の授業に当てはまる
ように調整をしている。アジャストをしているイメージです。

　「その子の『今』を捉えて，必要な指導や支援を模索する」ということは，
『今』を考えるためにはその子の未来を考えないといけません。20代の頃の
ぼくは，「将来この子はこんな大人になるだろう，だから今このように指導
しないといけないんだ」というような思考をしていました。なんとおこがまし
い思考なのでしょう。その子の将来は，誰もわからず，無限の可能性がある
ものです。だから，常に自分の指導や支援が正しかったのか，振り返ります
し，何よりいまだに自信がないですね。明日，連絡帳が来ないかビクビクし
ています。

　だから，学び続けるのです。そして，学ぶのは結局，自分のため。その結
果が，子供のためになっている感じです。最初から子どものために子どもの
ためにという人はぼくはあんまり信頼できません。だって，みんな子どもの
ために動いているのだから。もっと，みんなも自分のためにという意識を持
った方がいいようにも思います。

6-1 「憧れの先生」が消費コンテンツに？

 若松先生

　最近「憧れの先生」が消費コンテンツになってしまっているということについては，確かにそうなのかもしれません。X や Instagram など，SNS 等を活用することで，いろんな人と繋がりやすくなった時代だからこそ，こうした傾向が生まれてくるのでしょう。

　ただ，あくまでも「かもしれません」です。正直，よく分からないです。「今の自分」になるまで，ボクには「ボクの学び方」がありましたし，樋口先生には「樋口先生の学び方」がありました。今回こうしてお話しさせていただくことで，これまで知らなかった「樋口先生の学び方」についても知ることができました。どちらかが正解というわけでもないでしょう。

　若い人には若い人の学び方があり，どんどん消費するからこそ見えてくる世界もあるかもしれません。実際，消費しているつもりはないかもしれません。以前は，こうした学び方を理解できないこともありましたが，最近はその世界にも興味を持っています。

　ボクが X を続けているのは，こうした世界のことをきちんと知りたいからです。よくわからない世界だからこそ，飛び込んでみることでわかることがあるのではないかと思っています。

　ぜひ，樋口先生が Instagram や X を続けておられる理由を聞いてみたいです。僕よりも積極的にいろんな人とかかわろうとされており，実際に SNS 上で出会った先生と一緒に本を出されているのはすごいなと思います。正直，ボクはそこまでできないです。どんどん動かれる樋口先生にこそ見える世界があるのだろうと思っています。

6-2 ハウツーはダメ？

 若松先生

　よく「ハウツーよりも在り方が大事」ということが言われます。「在り方

よりもハウツーが大事」と主張する人は少ないかもしれません。「在り方」と「ハウツー」を単純に比べると，このような意見が生まれるのも仕方ないでしょう。しかし，ハウツーが悪いわけではないはずです。

　樋口先生と同じく，ボクも若手の頃はハウツーが書かれている本をよく読んでいました。「こうすればうまくいく」「○○な時はこんな声かけをすればよい」といった内容を読んでは，実践に取り組んでいました。何度も，こうしたハウツーに救われたことがあります。

　やはり，ハウツーを自分の中にどのように取り入れるのかが大事になってくるのだと思います。樋口先生は理想の授業があったからこそ，そこに向けて自分を調整していったのですね。「なんとか明日の授業を」のためだけで終わらせないところに，樋口先生なりのハウツーとの付き合い方があるのだと感じました。おそらく，「読みまくりました」の量も想像を絶する量なのだと思います。一冊や二冊読むだけだと，ハウツーのままで終わってしまいますが，何冊も読むことでエッセンスをつかむことができるのでしょう。

　ボクは，ハウツーを取り入れる時期に，同時に「子どもたち1人ひとりの学びを受け止める教師の在り方」を追究する研究会で学ぶ機会があったのでラッキーでした。おそらく，その研究会に入っていなかったらずっとハウツーを追い続け，30代になったらマンネリ教師になっていたかもしれません。

　結局，いろんな時期を過ごしたボクは，現在「在り方」を追い続けています。「こうすればいい」というものがなく，あまりにも複雑なものを考えて自分なりに捉えようとしています。正解がないからこそ，追い続けることにおもしろさがあります。

　ただ，ハウツーを追いかける先生のこともきちんと理解して，一緒に学んでいきたいです。こうした先生とかかわり合うことによって，また見えることや考えられることが増えるのではないかとワクワクしています。ここ最近の自分の中での大きな変化です。

7-1 永遠の少年

樋口先生

　ぼくは永遠の少年なのかなと思っています。若松先生が主催している「朝活」も学びに行こうというスタイルではなく，みんなとチャットをしたい遊びたいという理由で行っていました。そう，ぼくは遊び道具を常に探しているのだと思います。授業を考えるときには，今度の授業はどんなことをして遊ぼうかなと思っています。だから，現場から1年間離れたとき，驚くほど実践を考えることができませんでした。

　あと，ぼくは永遠の少年なので，何が理論なのか何がハウツーなのかよくわかりません。これだけ教育書を出しているのに，論文ほぼゼロ（執筆当時）の人って，過去にいなかったように思います（笑）

　たくさんの研究授業もしてきましたが，そのあとの協議会でたくさんのご意見をもらえ，そしてその後の飲み会でのトークもなによりのぼくの遊びなのです。

　でも，こんな思考が出来始めたのはここ最近。それまではもがき苦しんでいました。何度も絶望したこともありました。でも，色んな人がぼくに出会ってくれて，ぼくを救ってきてくれました。

　InstagramやXの投稿もぼくにとっては遊び道具。遊び道具だからといって，自分が楽しければ良いというわけではありません。相手を意識することは一緒です。

　だから，真剣にはしていない。誰か一人でもこの投稿が届けばいいなと思っていた時期もあったけれど，なんか自分にはそれができなかった。

　ここ最近はInstagramやXもしんどくなってきた。やはりマイナスな投稿が多いのが原因。マイナスな投稿が嫌というわけではありません。ぼくが若手のとき，こういう状況であれば，誰よりも愚痴や悪口を書き込んでいたと思うから（笑）

　そのマイナスな投稿に寄り添うというスタンスがとても苦手。こういった

マイナスな投稿に寄り添えない自分がいる。どうにかしてあげたいとは思う。でも，寄り添うのなら最後まできちんと寄り添ってあげないと！と思ってしまいます。そんな無責任に，寄り添うよというのはより不幸になってしまうと思ってしまいます。寄り添うというのなら，本気でその人のことを受け止めてあげてよ！と思ってしまいます。だから，伴走者という言葉も苦手。

　これは，子どもたちに対しても，思っていること。20代の頃のぼくは，子どものことを理解できました，子どもの話を聞けました，子どものことを1番に考えていますなどのことを平気で言っていました。今思えば，何て恐ろしいことを言っていたのかなと思います。

　子どものことなんか理解できません，子どもの話なんか全て聞くことはできません，子どものことを1番になんか理解できません。冷たい言葉のように聞こえるかもしれませんが，他人なんだから。

　だからこそ，その子のことを知るために情報を集めたり，話を聞きどのような思いなのか，背景なのかを考えたりすることが大切だと思うのです。

7-2 永遠の少年というのも在り方

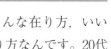
樋口先生

　永遠の少年というのも在り方なのかなと思います。こんな在り方，いいの？と思われるかもしれませんが，これがぼくの真の在り方なんです。20代の頃なんてきっと自分の中で在り方はなかったと思います。

　いや，実は今の在り方にはうすうす気づいてはいたのでしょう。でもその在り方を出すことには抵抗があったのでしょう。周りの目を意識しすぎていて…。だから，how to でその部分を誤魔化していたような感覚があります。

　というか，「在り方」や「well-being」という言葉も意味はわかりますが，よくわかりません。多分，ぼくはみんながそんな言葉を使い始めると，なにかしんどさを感じてしまいます。

8-1 自分のことを見つめる

若松先生

　「永遠の少年」というのはいいですね。「在り方」という言葉もよく分からないとしながらも，ご自身のことをそのように名称化できているのはとても素敵なことだなと思います。確かに少年っぽいですもんね。その少年っぽさに憧れも持っています。

　ボクは，樋口先生のように自分のことをあまりよくわかっていないかもしれません。ずっとさまよっています。うろうろと。もちろん，「教育を子どもの側から発想する」という視点はずっと持ち続けています。たえず，「子ども」というシンプルなところに立ち戻ろうとはしています。しかし，

・そもそも「教育」って？
・「子どもの側から」って？
・「学ぶ」ってどういうことなんだろう？
・「子どもに力がつく」ってどういうことなんだろう？
・ボクは何を目指しているのだろう？
・ボクは何を大事にしているのだろう？

…といった問いが浮かんでは，霧の中に入り込んだようになってしまいます。現在，教職大学院で教育史や教育行政，哲学等を学ぶにつれて，更によくわからないことが増えてきています。

　ボクはこうやってぐるぐる考え続けるのが好きなんだろうなと思います。気づいたらこんなことばかり考えてしまいます。「何て堅苦しいんだろう」「もっと気楽になれたらいいのにな」と思ったこともありますが，もう「こう考えてしまうのが自分だ」と捉えて楽になるようにしています。

8-2 「教育観」「教師観」って？

若松先生

　このやりとりは「教師観」「教育観」というテーマですが，改めて，「教師観」「教育観」って何でしょうか。樋口先生とボクの教育観の違いってなんでしょうか？誰かと「同じ教育観」なんてものはあるのでしょうか？

　樋口先生とボクとで同じように大事にしていることはあります。でも，違うところはたくさんあるでしょう。それは教育観が違うというよりも，「人として」違うところが影響しているのではないかと考えています。教育観というよりも人生観というか…。

　それだけでなく，これまでの教師としての経験も影響していそうです。2人とも，これまでたどってきた道が違うのだから，同じ教育観なんてあり得ません。むしろ，違うからこそおもしろいと感じています。

　職員室でも「教育観はみんな違う」という前提で互いにかかわり合える方がいいですね。その中で，「共に何を大事にしよう」ということを一緒に見つけていく過程を大事にしたいものです。変に合わせようとしたり，寄せようとしたりするとややこしくなります。

　最初の方に「憧れの先生」の話が出ましたが，憧れの先生に憧れすぎてしまうと，その先生の教育観に寄せようとしてしまう気がします。結局同じになるなんてあり得ないので，自分を見失うことになってしまうでしょう。

　そうなると，自分の教育観が磨かれていきませんね。とてももったいない話です。ただ，「憧れの先生」がいなくても自分の教育観を磨こうとしない方もおられるかもしれませんが…。ある時期までは「憧れの先生を持つ」ことが，自身の教育観の土台をつくることにつながるかもしれません。

　樋口先生の中で，「教師観」「教育観」は意識して使い分けているのですか？その中で，最初はあえて「教師観」という言葉を使われたのでしょうか？そこのところのお話を伺ってみたいです。ここに，樋口先生のさまざまな「観」が表現されているように感じます。

9-1 「教師観」と「教育観」

あー，確かに「教師観」「教育観」とぼくは無意識で使い分けていますね。改めて，言語化しようすると難しいところがありますが，

○「教師観」とは，その人の教育観，その人の背景，その人のスキルなどから生まれてくる唯一のもの

●「教育観」とは，どのような教育をしていくのかというものであり，誰かと同じになることもあるもの

というように使い分けています。自分のイメージは右の図です。

だから，ぼくと若松先生は「教育観」は同じになることはあっても，「教師観」が同じになることはないということです。実際のところ，おそらくぼくと若松先生の「教育観」は近いところがあるのだと思います。だからといって，「教師観」は遠いところにあることでしょう。

ぼくはあなたにはなれないし，あなたはぼくにはなれないということです。

だから，実践の追試をするときにそのまま行うことができない難しさはここにあると考えています。これでどうでしょうか。若松先生より反論などあれば，お願いします。

9-2 過程・結果を見ながら進めていく

若松先生はぐるぐる考え続けるのが好きと言っていたけど，誰もがそういうタイプではないでしょう。おそらくぼくはぐるぐる考え続けることは好きではないけれど，ぐるぐる考え続けて何かを生み出すことは好きなんだと思

います。教育に関しては，1日中グルグル考え続けていることでしょう。その結果，朝起きたら頭の中で授業が完成していたということもありました。また，このことに関してはぐるぐる考え続けることは好きだけど，このことに関しては嫌というように，分野によっても違うということもあることでしょう。おそらくは，自分が多く経験している分野において，ぐるぐる考え続けることが多くなるのではないのでしょうか。

　ぼくはゲームが大好きですが，RPGのゲームをするときはなかなかうまくいかないと，すぐに攻略を検索します。今の時代，検索すると，まとめサイトがあるため，それを見ながら進めていくときもあります。過程・結果を見ながら進めていくということです。

　そんなゲームの様子をみて，「何が楽しいの？試行錯誤することがRPGの醍醐味じゃないの？」と言われたことがあります。その気持ちはわかりますが，

- 試行錯誤をしてストレスを貯めたくない
- 結果をもとに考えている
- 過程を知っていても，それ通りに行っていくわけではない

という反論をするようにしています。

　ゲームをしているときのぼくはぐるぐる考え続け…，いやぐるぐる考え続けていないと書こうと思ったのですが，考えていないというわけではないのです。ぐるぐる考え続けるというのは昔ながらのこと，ぼくのゲームのような姿は最近の傾向と言えることでしょう。

　何が言いたいのかいえば，後輩育成をしていくときに，どうしているのかということです。ぐるぐる考え続けるのが好きという自己成長のことはわかりました。でも，先輩教員として後輩育成はしていかないといけません。若松先生がなにか考えていることはありますか。「教師観」と「教育観」の育成難しくないですか。

10-1 「教育観」と「教師観」

若松先生

　ボクはどちらかというと「教師観」よりも「教育観」の方が大きい円のイメージです。いや，重なりはあるけど，「教師観」のすべてが「教育観」の中に含まれているわけではないかもしれません。

　「〇〇観」とは，

・〇〇をどんなものだと見ているか
・〇〇をどのように捉えて考えているか

ということですよね。だから，大きな「教育」の中に「教師」が含まれるのではないでしょうか。ただ，「教師」には「人」という部分も含まれるからこそ，すべてを「教育」の中に含むのもおかしいと感じました。

　これらは，決して反論というわけではありません。樋口先生は，「教師観」という大きな枠の中に「教育観」を入れられているのがおもしろかったです。より「人」というところを意識されたのでしょうか。「人」「教師」「教育」「指導」「児童」など，いろんなカテゴリに分けて「観」を考えて整理するとおもしろそうですね。

　包含関係等のイメージに違いはあっても，「ぼくはあなたにはなれないし，あなたはぼくにはなれない」というところは，正にその通りですね。樋口先生のこれまでの人生経験やキャラクターなどをそのまま自分に落とし込もうとするなんて無理な話です。

　冒頭に「憧れ」の話がありましたが，そんな憧れの先生になろうと思ってもなれないものです。ただ，その人が観ているものを想像しながら，自分とつなげていくことはできるでしょう。その中で自身の「教育観」が磨かれていきます。

　同じ言葉でもイメージしていることが違うと，少しずつ対話の中身にズレ

が生じますね。だからこそ，さらに相手の考えをきちんと聴いたり，自分の考えを伝えたりすることが大事になるのでしょう。相手の考えを聴きながら，自分の持っているものに少しずつ肉付けしていく対話をいろんなところで大事にしたいものです。

10-2 ともに試行錯誤する

若松先生

ボクも同じです。RPG ゲームをする際には，すぐに攻略サイトや攻略本を読んでしまいます。別にそこでの試行錯誤に重きを置いていません。それよりも，はやく確実に攻略していくことを大切にしています。自分なりに工夫して攻略する（過程）よりも，攻略した後のいい状態（結果）になることで満足しています。

何でも試行錯誤できる人には憧れます。ただ，ボクはそんな人にはなれませんでした。しかし，自分がしっかりと向き合っている「教師」という仕事においては，きちんと試行錯誤することを大事にしたいです。まだ，自分自身の中で納得いっていないことやわからないことが多いからこそ，試行錯誤することがおもしろいです。教師という仕事は「人」としての自分にも目を向けることになるので，自然とさまざまな「問い」が生まれます。

30代後半になって，やっと若手育成にも目を向けられるようになりました。相手が困っていることに対して，わかりやすく対処法をアドバイスすればいいわけではありません。方法だけを伝えても付け焼き刃になって終わってしまうことが多いです。難しいですね。

最近は，相手の試行錯誤を奪わないことを意識しています。今，その先生がどのような試行錯誤をしているのかを丁寧に探った上で，「ともに試行錯誤する」ことができるようになりたいです。そのために，その先生のことをしっかりと知ろうとしています。若手とかかわり合う中で，結局は自分自身が学ぶことが多くておもしろいです。

2人の学級経営

第2章

2人の学級経営

樋口先生 ✕ 若松先生

1　学級経営の失敗

樋口先生

　この章も，樋口からスタートをしていきます。この章は学級経営について
お互いの考えを深めていきます。

　若松先生は『教師のいらない学級のつくり方』（明治図書出版，2021）
『「深い学び」を支える学級はコーチングでつくる』（ミネルヴァ書房，2017）
などと学級経営に関わる本を出版されています。そういった本でも自分自身
の失敗談についても触れられていますが，これまでの学級経営における1番
の失敗談はありますか。それを教えてください。

　ぼくの1番の失敗談は，『GIGASchool 時代の学級づくり』（東洋館出版社,
2022）でも少し書きましたが，

　一人の子どもの話を全て信用し，相手の子に行き過ぎた指導をしてしまっ
たことです。その結果，精神的にも追い詰められることになりました。ぼく
が悪かったのです。

　時々，そのときの出来事を思い出し，今の自分ならどのように対応するの
かと考えるときがあります。しかし，正直答えは見つかりません。そして，
該当する子どもたちへは謝りたい気持ちでいっぱいです　失敗談をこのよう
に明かすことは実は非常に難しいことです。別に失敗談を美化しようとは思
っていません。気軽に文字化できるようなことではありません。むしろ，こ
の出来事は自分が先生を続ける限り，背負わなければいけない十字架である

とも考えています。

　その当時のぼくは大声で叱ればどうにかなるとも感じていたのでしょう。（ぼくは叱るということは必要だと思っています。ただ，叱るという行動，結果にしか着目していないように思います。川上先生の『教室マルトリートメント』（東洋館出版社，2022）に出てくる具体例なんかはまさに過去の自分が行ってきたことのオンパレードです。

　ただ，昔より今の方が子どもたちを指導することに難しさを感じています。子どもたちが昔と違って変わったという話ではなく，自分自身が変わってしまったということです。昔は叱るという一択でした，今は選択肢をいくつも持っており，また子どもの背景を昔よりも見ることができるようになっています。そのため，自分の指導が適切だったのか…と思うことが増えました。

　どうして上記のことが起こってしまったのかと考えたことがあります。それは，その当時のぼくは，例えばすぐに手が出てしまう子がいたら，

すぐに手が出てしまう→暴力的な子

とラベルを貼り，それ以降この子は暴力的な子なんだという見方をしてしまっていたことが原因のように思います。

　そういったラベルを貼っていたことで，その子がどれだけプラスなことをしても素直に見ることができない自分がいました。ぼく自身，小学生のときに担任の先生からこのようなラベルを貼られていました。そのことにとても反発をしていたにも関わらず，いつのまにか自分が…。どうして，こういったことを大人になると忘れてしまうのでしょうね。

　だから，現在のぼくはそういったラベル貼りをできるだけしないように考えています。ラベル貼りをしないようにすることは難しいことですが…。

　「この子はリーダーとして…」というのもラベル貼り，目指すは誰もがリーダーとなれるように育成すべきだと考えています。

若松先生

　学級経営について考えていくのはすごく興味深いです。皆さんそれぞれに「学級経営」に対するイメージが違うと思うからです。樋口先生が書かれた『GIGASchool 時代の学級づくり』（東洋館出版社，2022）も読ませていただきましたが，まだそれだけでは分からないことも多いです。樋口先生が「学級経営」に対して思われることをもっと知りたいです。

　これまで書いた本（『教師のいらない学級のつくり方』（明治図書，2021）『「深い学び」を支える学級はコーチングでつくる』（ミネルヴァ書房，2017））にも，学級経営に関する失敗談を書きました。本当に多くの失敗を重ねてきています。今でも「成功」「うまくいった」ということはありません。そんな時がくるのかどうかも分かりません。

　「1番の失敗談」と問われると，どのエピソードを書けばよいか悩みます。こうして「1番」を考える過程で，これまで自分が大事にしてきたことや大事にできなかったことについてふり返ることができますね。実際，

・「みんな遊び」を強制することで苦しめた
・子どもたちをコントロールしようとしていた
・女子のグループ化をこじらせてしまった
・低学年の学級経営の進め方を高学年にそのまま適用しようとしてうまくいかなかった

…など，いろんな失敗談があります。書き出すだけで何ページにもなってしまいます。

　その中で今の私が「学級経営における失敗」として考えるのは，若手の頃に「あまりにも連帯感，一体感を求めすぎた」ことです。「宇宙一のクラスになろう」と子どもたちに強く示してしまっていました。

その時の私は，そのことを「よいこと」と捉えていました。決して「悪いこと」ではないかもしれませんが，同調性や協力，連帯感を求められた環境で苦しんだ子もいたのではないかと思います。「学級」というまとまりやチーム感を大事にしており，「一人ひとりがどう生きるか」「一人ひとりがどう過ごすか」を考えられていませんでした。

今では，絶対にそんなことをしません。そんな学級経営も目指さないです。「宇宙一のクラス」って何でしょう。すごく違和感を感じます。経験を重ねるにつれて，「学級」の捉え方が変化したのです。だからこそ，過去の学級経営で目指していたことを「1番の失敗談」として書きました。

2-2 ラベル貼り

若松先生

ラベル貼り，ボクもよくやってしまっていました。「そんなことをしたことがない」という先生も少ないのではないでしょうか。

樋口先生が書かれている「ラベル貼りをしないようにすることは難しいですが…」について，もう少しくわしく教えてほしいです。実際，どのようにこの「ラベル貼り」から卒業しようとされているのかが知りたいです。

ラベルを貼ってしまう自分も受け入れた上で，いろんなラベルを貼ったり剥がしたりすることを大切にされているイメージがあります。「ラベル貼りはしない」なんてキレイなことは言わないでしょうから。

また，「こんな力もあるかも知れない」「こんなことができるようになったらいいな」と，その子の姿を固定化せずに広げていくためのラベル貼りもあるかもしれませんね。そうなれば，「ラベル貼り」も悪いものではないでしょう。

「ラベルを貼る」という教師の思考や行動がどのようなものかを考えていくとおもしろいです。教師自身の経験や価値観のみでラベルを貼ろうとするから，よくないラベル貼りになっていくのでしょう。自身の見方や考え方を絶えず捉え直そうとする教師は，「剥がす」のも上手かもしれませんね。

3-1 学級経営で大切にしていること

樋口先生

　ぼくが学級経営で大切にしていることは、「あぁ、今日もなんか楽しかったな…」と子どもたちが思いながら下校するということです。

　明日なんか来ないかもしれません。学校を離れると、子どもにも色々あります。いろんなことが当たり前ではない世の中です。ネガティブと感じたかもしれませんが、常にキラキラした世の中ではありません。

　だからこそ、学校の中だけでも上記のように思ってほしいという願いがあります。ここ最近、そのように思うようになりました。改めて、そのように思い始めた理由を考えると、自分が大病を煩わったからです。大病のせいで、これまでの日常が日常でなくなりました。

　だから、学級がディズニーランド、USJ といった非日常的な場所を目指しているのかもしれません。いや、それは違うな…。そんな特別な空間ではなく、縁側のような空間、ほっと安心できるような空間を目指しているのかもしれません

　でも、根本は樋口少年が過ごしやすい学級を目指しているのかもしれません。樋口少年とはぼくの小学校時代のことです。恐らく、毎年の申し送りでしっかりと名前があがっていた子だったほど、やんちゃな子でした。小学校生活は楽しかったです。でも、なにか生きづらかった、なにか苦しかった、そんな日々を送っていました。

　今の学級、今の指導は樋口少年だったらどう思うのか、そんな視点で振り返るときがあります。こんなこと、他の人が読んでも参考にならないでしょう。ぼくは、教室には子どもの笑顔だけでなく、教師の笑顔もないといけないと考えています。ぼくの場合は、教室に子どもの笑顔と樋口少年の笑顔も必要なのです。

　こんなことを書いておきながらうまくいっていない、反省の日々です。家に帰るときにバイクに乗りながら、グルグル頭の中で反省しています。いつ

になったら，学級経営がうまくなるんでしょうね。自分で自分に対してガッカリしています。

3-2 ラベルを貼る

樋口先生

　ラベルを剥がすには，様々な子供の見方ができないといけないと思います。にわかに信じがたい話ですが，目の前で殴り合いの喧嘩をしているのにそれに気づかない先生もいらっしゃるようです。遠くの子のことを見ており，手前の子たちのことに気がつかないようです。

　その話を聞いたとき，嘘でしょと思いましたが，思い出したのはこのラベルを貼ると言う話です。ラベルを貼るとその子のことを一方的にそういう見方しかできないと思います。

　ただこんなことを書いておきながら，人は誰しも人に対してラベルを貼るのだと思います。ぼくも人にラベルを貼っていることでしょう。そしてぼく自身も人からラベルを貼られていることでしょう。ぼくは思春期〜20代のころはそのラベルをとても気にしていました。人が自分にどのようなラベルを貼ったのかと…。

　若松先生が書かれているようにラベル貼りが悪いわけでは無いのだと思います。でも，悪いラベル貼りをしてしまう方が多いことが現状。職員室で，「〇〇さんは〜」「あの親は〜」とすぐに言う方も多いです。聞いていると，とてもぼくはしんどくなります。管理職が言うとなると…。

　そういった方達が悪いラベル貼りではなく，よいラベル貼りをするために僕たちができることはなんだろう。ぼくたちは本を何冊も書いているような表現者。やはり，そういったことを発信していく必要があるんだろうなと考えています。何を発信していけばいいのかな。

4-1　自分が子どもの頃とつなげて

若松先生

　樋口先生が，そんな風なことを考えながら学級経営を考えておられるとは知りませんでした。樋口先生にとって，常に「樋口少年」という立ち戻れる場所があるのが素敵です。結局，他の子のことは「わかろう」「知ろう」としても，絶対に「わかった」「知った」にはならないですもんね。

　ボクは，そのように考えたことはありません。小学生時代のさまざまなエピソードをもとに，「ボクが小学校の時の先生はどんなことを考えて学級経営をされていたのかな？」と考えることはありますが…。

　その時の自分の感情を思い出しながら，「よりよい学級経営」「よりよい指導や支援」について考える時があります。母校で勤務していることや研究会での師匠が元担任ということも影響しているかもしれません。

　例えば，

- 1年生の時，なんで△△先生は自分のことをニックネームで呼ばせたのだろう？
- 2年生の時，なんで△△先生は教室を森のようにしようとしたのだろう？
- 3年生の時，なんで○○先生はあのような怒り方をしたのだろう？
- 4年生の時，なんで■■先生は太鼓のことばかり話していたのだろう？
- 5年生の時，なんで◇◇先生は学級通信のタイトルをみんなで決められるようにしたのだろう？
- 6年生の時，なんで◇◇先生は☆☆さんのことをあまり注意しなかったのだろう？

…と，いろんなことを考えるのはなかなかおもしろいです。結局わからないんですけどね。その後に学級で起きたことや自分の中の変化を知っているので，「もしかして，こういう意図があったのかな？」「ボクだったらこんなこ

とはしないけど，でももっと何か深い意味があるのかもしれない」と考え続けることで，自分の指導や支援，学級づくり等をふり返ることができています。

4-2 「学級」という場所

若松先生

　樋口先生と同様に「学級」という場所が，子どもたちにとってどんな場所なのかということをよく考えます。そもそも，この関係性を「無理矢理決められた」「運命」「縁」…と，どのように捉えることもできますよね。もちろん，無理矢理決められた関係性ですけど，子どもたちにとって「いい縁」と感じられるような関係性になるとといいなと思います。

　それって，別に「めっちゃ仲良し」「一緒に遊ぶ」から「いい縁」と感じられるわけじゃないでしょう。「意見が違うからおもしろい」「自分にはないものを持っているから一目おいている」「何か一緒にいると落ち着く」「ケンカをいっぱいしているけど，自分の思っていることを正直にぶつけられる」…と，いろんな関係性から生まれるものです。

　「そのためには，子どもたちが学級でどんな日常を過ごせるといいのかな」と考えて，子どもたちと共に学級をつくろうとしています。ただ，そのためだけでもないですね。「そもそも学級って何？」「よりよい学級って何？」という問いを持ちながらぐるぐる考え続けています。ずっとモヤモヤしています。

　このぐるぐるモヤモヤ考え続けることが自分を支えています。「学級はこういうものだ」「このように学級づくりをすればよい」と，さも分かった風になっている時は，結局目の前の子どもたちのことを見られていないです。

　今，こうして樋口先生の書かれたことに返事をする中で見えることも大切にしたいです。きっと教師人生ずっとこんな風に考え続けて，永遠に「分かった」にはならないのでしょう。

5-1　子どもの頃の影響

　いやー，すごいね。「ボクが小学校の時の先生はどんなことを考えて学級経営をされていたのかな？」と考えたことはないですね。読者のみなさんはあるのでしょうか。ただ，自分の小学校時代のことで現在の学級経営に影響を受けていることはありますよね。

　ぼくが子どもに書くサインの一つは，3・4年生の担任の先生だったY先生が書かれていたものでした。ぼくは5年生で将来小学校の先生になると決意しました。そのときから，そのサインを書くと心に決めていました。だから，教師になって初めてサインを書こうとしたとき，手が震えたことを今でも覚えています。

　小学校の先生になろうと決意した背景には，色々ありました。人を傷つけ，自分自身も傷ついていた，大人は信頼できないということなどを感じた背景がありました。だから，自分が教師になり，自分のような子どもを生み出さないようにしようと思い，教師になろうと決意したのです。これもある意味，子どもの頃の影響といえるでしょう。

　その当時の先生方とは，自分が教師になったときに出会うことがありました。その当時のぼくの様子をよく覚えてくれていました。そして，「人を傷つけ，自分自身も傷ついていた，大人は信頼できないということを経験してきたあなただから，子どもの気持ちがきっとよくわかりますよ。だから，子どもたちをたくさん救ってくださいね」と言われることがありましたが，いまだに子どもの気持ちなんかわかりません。

　若松先生の言われるようにいろんな関係性を認める，そんな先生になっていきたいものですね。子どもたちには，「自分の考えを相手にぶつけることも大事」「喧嘩を恐れるな」といったことを今年度よく言っています。

　「学級はこういうものだ」「このように学級づくりをすればよい」というところにも共感です。今，SNSには「学級はこういうものだ」「このように学

級づくりをすればよい」という投稿が溢れています。さらには，○選といったようにさらに切り取った投稿が溢れており，受けがいいのでしょう。ここまでに書いているように，そういった投稿を否定するわけではありません。でも，そればかりではダメだよということは言いたい。教師人生ずっと考え続けるといったことをしないといけないのだと思います。

5-2　愛に溢れる先生になりたい

樋口先生

　正直，もう40歳になり，自分の小学校時代のことは大分忘れてしまいました。覚えているのはくだらないことや先生から叱られたことばかりです。学級経営に関わることは全くわかりません。

　小学校の先生になると決意したと書きましたが，このときには自分がなりたい教師像がありました。それは，3・4年生の担任の先生だったY先生でした。

　Y先生にもたくさん叱られました。一方的に叱るのではなく，共感もしながら叱ってくれました。そこにはテクニックとかはなく，その先生の愛を感じていました。楽しいこともたくさんありました。樋口少年を受け止めてくれた，そんな愛に溢れる先生でした。そんな愛に溢れる先生になりたいと思ったのです。きっとその先生の学級経営は愛に溢れていたことでしょう。

　それから，20数年後，前年度担任をしていた子たちから，「次の先生は愛がない」という訴えがありました。子どもにそんなことを言わせてはいけません。とても悲しい気持ちになりました。そして，前年度のぼくの指導が悪かったのか，どうしたらいいのか，ぼくにできることはなにかと悩み始めたのです。

　愛に溢れる先生になりたいと思っていた自分が，「愛」によって悩み，苦しい時期を送るのです。ぼくはどのような学級経営をすればよかったんでしょうね。

6-1 「愛」の表現

若松先生

　同じようなことを考えたことがあるような気もしますが，「愛」と絞って考えたことはないので樋口先生ほど考え抜いていなかったんだろうなと思います。最後の問いともつなげて，自分なりに考えていることを書きます。

　その訴えかけてきた子の担任は，本当に愛がなかったのでしょうか？もちろん，子どもに「次の先生は愛がない」なんて言葉を言わせてはいけないでしょう。そんなことを言わなくて済む毎日を送ってほしいものです。ただ，ふとそんなことが気になりました。

　自分の「愛」の表現の仕方が上手な先生もいれば，そうでない先生もいますよね。また，

・子どもたちへの「愛」とは，子どもたちとの日々のかかわりだ
・子どもたちへの「愛」とは，子どもたちを成長させることだ
・子どもたちへの「愛」とは，より良い授業をすることだ
・子どもたちへの「愛」よりも，子どもたちを成長させる方が大事ではないか
・子どもたちへの「愛」よりも，教師の仕事は授業することだ
・子どもたちへの「愛」なんて嘘くさい
・子どもたちへの「愛」なんていらない

…と，いろんなタイプの先生がいます。さらには，

・決して愛に溢れている感じではないけど，子どもたちには「愛」が伝わっている
・愛に溢れすぎていて，その「愛」が子どもたちにとって苦痛になってしまっている

ということもありますよね。なかなか難しいものです。もうこうなると，「そもそも愛とは何か？」という哲学的な「問い」が生まれてきそうです。苫野先生の書かれた「愛」（講談社現代新書，2019）を読み直します。

　実際，ボクはそこまで愛に溢れた教師ではありません。昔はそこを意識しすぎて，少し子どもたちにとってはうっとうしかったのではないかなと思っています。現在は「慈愛」という言葉がしっくりときます。あえて表立たないことを意識しています。

6-2　次年度の子どもたちの様子をもとに 若松先生

　担任した子どもたちが次年度の学級で過ごしている様子を見ると，いろいろ考えさせられることが多いですね。樋口先生は，この件で「もっとこうすればよかった」というものがあるのですか？

　特に，「次の先生は愛がない」なんてどうしようもない気もしますよね。ボクだったら，ひとまず今のその子にできることを考えるでしょう。その上で，やっぱり同じように昨年度の自身の学級経営について見つめ直すと思います。

　次の先生がどんな先生であっても，そちらに合わせていかなければならないなんておかしな話です。ただ，子どもたちには次の学級でも楽しく過ごしてほしいです。

　だからこそ，ボクは，「自分（たち）の幸せを自分（たち）でつくる」力を育てたいと思うようになりました。自律性と協働性を育てようとしているのはこういうところにあります。

　樋口先生が実際に考えられたことや行動されたこと，次年度以降のご自身の学級経営に活かされたことなどを聴いてみたいです。

7-1 愛の話は難しく…

樋口先生

「愛」の話がどんどん難しく…。ちなみに，別に自分が「愛に溢れている」と思ったことは1度もありません。周りから「愛があるよね〜」と言われることもありますが，よくわかりません。

あるとき，「ちゃんと叱ってくれる」「ちゃんと話を聞いてくれる」「なんでもかんでも否定しない」から愛があるよねと子どもに言われたことがあります。結局は，相手意識が大事なのかなと思います。お！「あいていしき」のなかに「あい」がありますね！（笑）

自分が「愛がある」「愛がない」という話ほど，うさんくさい話もないかなと思っています。若松先生が，自分のことを愛があると言わなくてよかったです（笑）相手に届かない愛は，自分が愛があると思っていても，相手にとっては愛だとは感じないことでしょう。そんなことを思いました。

あとは，自分が愛があるという先生だけでなく，自分の学級の子どもたちのことを「自分の子どものように表現する」方に出会うことがありますが，そのような先生も正直苦手です。まぁ，やっぱりぼくがひねくれているのかもしれませんが（笑）

7-2 自分（たち）の幸せを自分（たち）でつくる

樋口先生

「自分（たち）の幸せを自分（たち）でつくる」力ということにはとても共感をします。ぼくもそのような主張をしています。大人でも「自分（たち）の幸せを自分（たち）でつくる」力が育っていない現状があります。あるよね？そう言った方々から出てくるのは，不平・不満だらけ…。それに対してイラついていた20代でした。

ただ，「自分（たち）の幸せを自分（たち）でつくる」ことを許されない空間，そもそも「自分（たち）の幸せを自分（たち）でつくる」ということ

を許容していない人もいることでしょう。「自分（たち）の幸せを自分（たち）でつくる」ことを経験してきていない人は，そもそもこの感覚がわからないのかもしれません。じゃあ，そういう人たちに「自分（たち）の幸せを自分（たち）でつくる」ことの大切さを気づいてもらうためにはどうすればよいのかというまた新たな問いが浮かんできますが…。

　話を戻します。「自分（たち）の幸せを自分（たち）でつくる」ことを許されない空間，そもそも「自分（たち）の幸せを自分（たち）でつくる」ということを許容していない人の空間のもとでは「自分（たち）の幸せを自分（たち）でつくる」といった力は育ちづらいでしょう。「横並び，揃える」文化にもつながってくる話です。

　「こんなことをしたい！」「あんなことをしたい！」と提案をしても，管理職や学年主任に却下されるという話をよく聞きます。横並び，揃える文化のため，出したい学級通信を出すこともできないという話もよく聞きます。まぁ，最後は自分の責任で周りの声などを無視して，自分がしたいことに取り組めばいいじゃんと思うのですが，実際にはそうもいかないのでしょう…。

　ただこの話でやっかいなのは，「こんなことをしたい！」「あんなことをしたい！」と提案した内容が，提案続行できない内容の時もあるということです。ぼくもこれまで取り組んできたことを振り返ってみたときに，「そういえば，あの実践は今考えるとアウトだよな…。きっとそんなことをわかっていて，主任はあのとき止めてくれていたんだろうな」と思う時もあります。

　「自分（たち）の幸せを自分（たち）でつくる」ことは実はとても大変なこと，正直先生が何事にも指示をしたりしていくほうがある意味楽かもしれない。でも，「自分（たち）の幸せを自分（たち）でつくる」ことのほうが圧倒的に楽しいのは間違いない。どちらを選ぶのかということかな。

8-1 「楽」と「楽しい」と

若松先生

　樋口先生のおっしゃる通り，教師が子どもたちにどんどん指示したり，学級全体をまとめあげたりする方が子どもたちも先生も楽ですよね。その方が周りの先生にも「あの学級はまとまりがある」「○○先生は指導力がある」と評価されることもあります。

　もちろん，若手の頃にはこうしたことすら難しいかもしれません。「なんとか1年間を過ごす」ことに必死な先生もいるでしょう。しかし，ある程度経験を積むとできるようになります。「いい学級」「いい指導」と褒められると，さらにそんな自分を大事にしたくなるものです。

　そこで満足してしまう気持ちもわかります。だって，その年は大きなトラブルもなく過ごすことができるのですから。「子どもたちの自律性と協働性を育てる」「自分（たち）の幸せを自分（たち）でつくる力を育てる」なんて難しいことにチャレンジする必要はありません。

　「でも次の年が…」というのが気になるところです。教師のカリスマ性や強いリーダーシップによってまとまりを見せた学級の子どもたちは，次学級の担任にも同じようなことを求めるようになってしまう傾向が強いような気がします。子どもたちにとって「学級をよりよくしてくれる教師」の存在感が強いのでしょう。

「その1年間は充実しているのだからいいではないか」
「そんな1年間の思い出が子どもたちの将来を支えることもある」

…という意見もあると思います。何も間違っていません。私もそのように思うこともあるので，決して「教師のカリスマ性や強いリーダーシップでまとまりを見せる」ことが悪いとは言えません。

　いいとか悪いとかではないですよね。ただ，いつも

「本当に子どもたちにとって大切なことは何なんだろう」

「子どもたちにとって本当によりよい学級経営とは何か」

…とモヤモヤしながら考え続けています。常に自分の考えや価値観が偏っていないかが気になります。

8-2　学校の中の学級

若松先生

「教育に正解はないから何でもいい」ということでもないはずです。実際，次の年に困る子どもたちが生まれてしまってはよくないでしょう。そうならないためにも，

- 学校として，どのような子どもたちの成長を支えるのか
- 学校として，子どもたちをどのように育てていくのか

ということをはっきりとさせておく必要があるでしょう。教職大学院に通って学校臨床や学校運営を学んでいることもあり，最近はこうしたことを強く意識するようになりました。

　子どもたちの「6年間」とその先を見通すことや子どもたちの連続性を大切にすることを学校全体で大切にしたいものです。その中で，学級担任としてできることを見つけていけるといいですね。「学級」という小さな枠だけで学級を捉えるのではなく，「学校」「社会」と様々な枠を意識しながら学級や子どもたちを見られるようになりたいです。

　最近では，「異年齢学級」「チーム担任制」「教科担任制」など，これまでの学級経営とは違うことが大事にされるようになってくるかもしれません。樋口先生は，こうしたことについてはどのように考えられますか？

9-1 高学年の姿を思い浮かべながら…

樋口先生

　ここ最近，学級担任をしながら，この子たちが高学年になったときにどうなるのかと将来について想像することがあります。そして，おそらくこのようなことが不足していると感じたことをぼくが担任をしている1年間で解消しようと考えることが多くなりました。これは，個人レベルですが，若松先生が書かれている子どもたちの「6年間」の連続性にもつながる話ではないでしょうか。

　執筆しているとき，ぼくは3年生の担任をしています。この子たちは，コロナによって，全国一斉臨時休業により，入学式が遅れたり，様々な活動に制限が入学当初からあった世代です。それらの影響なのか，横のつながりがとても薄く感じたのです。トラブルのときも，自分の思いの伝え方が何かヘタクソなのです。自分の感情を思いっきりぶつけたり，自分の考えを相手に伝えるということが何か育っていないのではないかと考えたのです。このままでは，高学年になったときに，何かうまくいかないのではないかと思ったのです。

　でも，拙著「『はじめての3年生担任　4月5月のスタートダッシュ』（東洋館出版社，2023年）」においても書いていることですが，「マスクをする」という習慣によって，これまでと違った相手意識が育っているようにも思います。マスクをしているか，していないか，とても敏感な子どもたちです。ある意味，相手意識があると思いませんか。マスクをしていない子がいたら，「マスクをしてよ！」と教師が言うよりも早くに言っている子もいます。その「マスクをしてよ！」という言葉には，「（私も我慢しているんだから）マスクをしてよ！」が隠されているようにも思います。その言葉からわかるように，相手がいるようでいない自分の思いを伝える相手意識が存在するように感じることです。

　だから，子どもたちには，「自分の思いをしっかり言って大丈夫。そのあ

とは先生と一緒に話していこう」「もっと喧嘩をしなさい」「もっと自分の考えをぶつけなさい」などのことをよく言っていました。

　これらのことは，教師経験を積み重ねてきたからこそできることだと思います。でも，とても苦しいことです。正直しなくても良いことです。この1年だけを過ごすことに重きをおくと，もっと楽にできると思いますが…。

9-2 「異年齢学級」「チーム担任制」「教科担任制」にモノ申す！

樋口先生

　「異年齢学級」「チーム担任制」「教科担任制」について思っていることはあります。面白いキーワードをやはり出してきますね（笑）「異年齢学級」「チーム担任制」「教科担任制」には大賛成です。そこで，学ぶことが子どもたちにきっとあることでしょう。

　「異年齢学級」「チーム担任制」「教科担任制」について思っていることは，教師の働き方改革，時短術，教師が楽になると言ったことと結びつけるなということです。

　「異年齢学級」「チーム担任制」「教科担任制」ということは，これまで担任が一人でしてきたことを複数人で行うということです。つまり，自分の知らない時間帯の子どもたちができるということです。だから，これまでの数倍以上，毎日子どもたちや学級の話をしておかないといけなくなるということです。子どもたちや学級の話とは，マイナス面だけでなく，プラス面も共有していかないといけません。各学級のビジョンも共有しておかないといけないことでしょう。だから，はっきりいえば，これまで以上に大変になるのです。ただ，授業をしておけばよいという話ではないのです。決して，楽にはならないと思うのです。

　だから，「異年齢学級」「チーム担任制」「教科担任制」をしている方で教師の働き方改革，時短術，教師が楽になるという話を聞いたとき，本当に子どもたちのことを見ているのかなと思ってしまいます。

やはりいろいろと思っておられることがあるのですね。「本当に子どもたちのことを見ているのかな」というのは同感です。ボクは2021年度6年生の担任で，隣学級の社会と5年生1学級の国語の授業を受け持ちました。理科と算数の授業はしませんでしたが，全く楽にはならなかったです。

　ボクは，子どもたち一人ひとりのことをきちんと知らない状態で授業はできません。だから，隣学級や5年生の学級での子どもたちの様子も積極的に知ろうとして，他の授業や休み時間などの様子も観察しに行っていました。担任の先生との情報共有も欠かしませんでした。

　また，隣学級での授業は自分の学級での授業と全く同じ単元構成にはなりません。子どもたちが違うのだから当然のことです。「同じ教材を使って」「同じ発問をして」とはならないので，「楽になった」「時短」ということにはなりませんでした。むしろ，より子どもたち一人ひとりのことを知ろうとするのに時間がかかりました。

　だからといって教科担任制に否定的なわけではありません。樋口先生もおっしゃっていますが，子どもたちにとってはそちらの方がいいかもしれません。さまざまな先生と共に学ぶからこそ学べることがあるでしょう。子どもたちの見方や考え方を広げるきっかけにすることもできます。

　やっぱり「何のためにおこなうのか」ですよね。それがないままに行われると，子どもたちが置いてけぼりになってしまう可能性があります。「教師の時短のために」「教師が楽になるから」だけだと，今以上に子どもたちが学べなくなってしまうこともあります。

・学校として「育てたい力」が共有されている
・学年会，ブロック会を充実させて，子どもたちの情報を日々共有する
・「よりよい教科担任制のあり方」を絶えず模索する

…といったことをていねいに行うことで，教科担任制を子どもたちにとっていいものにすることができるでしょう。ボク自身，改めて「より良い教科担任制のあり方」について，職場で他の先生と共に考えてみたいです。

10-2 今の「学級経営」は10年後も大事なもの？ 若松先生

最初の方に書いたように，ボク自身の「学級経営」観は教師としての経験が積み重なるにつれて変わってきました。初任の頃は「チームとして」を意識していましたが，今では「ゆるやかな関係性」を意識するようになっています。

教科担任制，チーム担任制，異年齢学級…等が導入されると，また「学級経営」観が変わってくるんじゃないかなと思っています。「学級とは何か？」ということを絶えず問い続ける必要があるでしょう。ずっと同じ「学級経営」観でいると，その変化に対応できなくなってしまいます。

ただ，「制度が変わったから『学級経営』観を変える」というのもおかしな話です。制度の変化に追われるのではなく，まずは自分自身が

・子どもたちにとってよりよい居場所とは？
・子どもたちにとっての『学級』はどのようなものであればよいか？

といった問いを持ち，考え続ける必要があるでしょう。その中で，制度の変化と自分の考えを重ねて，子どもたちにとってよりよい学級をつくっていけばよいでしょう。

10年後，「学級経営」について，自分がどのようなことを考えているのか全くわかりません。絶えずそんな自分の考えの変化にも注目しながら，過ごしていきたいです。

樋口先生

　ちょうどこの原稿を書いているときに，12年ぶりに生徒指導提要（改訂版）が出てきました。若松先生は読みましたか？

　正直な話，生徒指導提要という存在を知ってはいましたが，読んだ記憶はありません。だから，今回の改訂版をしっかり読んでみましたが，なかなかおもしろかったですね。自分が取り組んでいることが意味付けられた気がしました。

　いくつか気になったことをここで引用しておきます。

---

p.13
生徒指導は，児童生徒一人一人の個性の発見とよさや可能性の伸長と社会的資質・能力の発達を支えると同時に，自己の幸福追求と社会に受け入れられる自己実現を支えることを目的とする。

　「子どもが将来困らないために」「しっかりと成長してほしい」「活躍できるように」「ダメなことは教えないといけない」などの思いで生徒指導をぼくはしてきたように思います。思ってきたことは，どれも教師からの願いであり，子ども自身にとってはおせっかいのように感じてしまうのではないかと感じたのです。そこには，個性の発見とよさや可能性の伸長と社会的資質・能力の発達の中では「個性の発見」が足りていないと考えました。

　よくクラス替えのときなどに，「この子はリーダータイプで」「この子はみんなを引っ張っていってくれて」という話が出てきます。ぼくもよく言っていました。しかし，リーダータイプと言われた子以外はリーダータイプにはなれないのでしょうか。みんなを引っ張っていくことは絶対にできないのでしょうか。みんなを引っ張っていくだけがリーダーではありません。みんなを支える側のリーダーもいます。「この子はリーダータイプで」「この子はみ

んなを引っ張っていってくれて」という視点で見てしまうことで，児童生徒一人ひとりの個性の発見とよさを潰してしまう可能性があるのではないかと考えることがあります。だから，席替えをしたときは日にちごとにまとめ役を変えたりといった取り組みを行ったりするようになりました。

　上記の文には「支える」という言葉が入っています。「支える」というよりもグイグイ引っ張っていくことがメインの指導ばかりをしていたなと振り返ることができました。現在は，「対話型叱り方」（学陽書房）を提案していたりと，「支える」ということに移行しているなと思いました。

　他にも

p.18
1　発達支持的生徒指導　全ての児童生徒の発達を支えます。
2　課題予防的生徒指導　全ての児童生徒を対象とした課題の未然防止教育と，課題の前兆行動が見られる一部の児童生徒を対象とした課題の早期発見と対応を含みます。
3　困難課題対応的生徒指導　深刻な課題を抱えている特定の児童生徒への指導・援助を行います

p.42　8行目
『学級・ホームルーム経営の内容は多岐に渡りますが，学級・ホームルーム集団としての質の高まりを目指したり，教員と児童生徒，児童生徒相互のより良い人間関係を構築しようとしたりすることが中心的な内容といえます。』

といったところが気になりました。若松先生が気になった場所はありますか？

12　生徒指導提要

若松先生

　ボクは，児童指導部会の主任をすることが多かったので，生徒指導提要には注目していました。生徒指導学会にも所属しており，今回の生徒指導提要がどのように改訂されるのかがすごく気になっていました。ただ，その存在を知らない先生も多そうですね。

　今回の生徒指導提要は PDF で読みやすくなっているようですが，早速印刷して手元に置いています。何人か興味を持っている先生の分も印刷して，職員室内で情報共有もしました。その内容についても少しずつ対話できるようにしています。

　ボクも「発達支持的生徒指導」のところに注目しました。生徒指導学会で登壇されていた文部科学省の方もそこを強調されていました。「支える」はキーワードになりそうですね。ボク自身『教師のための「支え方」の技術』（明治図書，2022）を書いており，「支える」は大事にしている視点です。

　ただ，「支える」は「見守る」「任せる」と同じく，その言葉だけに注目するとよくわからないことになりますね。一歩踏み出す指導ができなくなる恐れがあります。きちんと生徒指導，児童指導の目的を見失わないようにしたいものです。

　だからこそ，私もやはり生徒指導提要に書かれている「生徒指導の目的」に注目しました。再掲します。

---

p.13
生徒指導は，児童生徒一人一人の個性の発見とよさや可能性の伸長と社会的資質・能力の発達を支えると同時に，自己の幸福追求と社会に受け入れられる自己実現を支えることを目的とする。

　この「支える」は，「児童生徒一人一人の個性の発見とよさや可能性の伸

長と社会的資質・能力の発達」と「自己の幸福追求と社会に受け入れられる自己実現」が目的になります。それは，ただ単にふんわり見守っていればいいという話ではないでしょう。

それと同じく次の文章にも注目しています。

p.13
また，生徒指導の目的を達成するためには，児童生徒一人一人が自己指導能力を身につけることが重要です。児童生徒が，深い自己理解に基づき，「何をしたいのか」，「何をするべきか」主体的に問題や課題を発見し，自己の目標を選択・設定して，この目標の達成のため，自発的，自律的，かつ，他者の主体性を尊重しながら，自らの行動を決断し，実行する力，すなわち，「自己指導能力」を獲得することが目指されます。

「生徒指導提要が言っているから」ではなく，樋口先生もこれまで「自己指導能力を身につける」ことを大事にしてこられたのではないでしょうか。ボク自身，これまでもこうしたことを大切にしてきました。

2文目以降に書かれていることを実現させていくことは簡単なことではないですね。子どもたちが「自己指導能力」を身につける過程をどのように支えるかを日々模索しています。この文章を学校内で議論，対話することで，共に大事なことを見つけていけるのではないでしょうか。

例えば，コーチング的なかかわりで「問いかける」ことを大事にしているのは，こうした自己指導能力を育てるためです。ただ，「問いかける」をすればいいわけでもありません。きちんと「こうすることが大事」と伝えることも必要になります。そのさじ加減は目の前の子どもたち一人ひとりの状態によって変わります。樋口先生は，ここを意識しているということはありますか？

13-1 胡散臭くならないか心配

 樋口先生

　「支える」は「見守る」「任せる」と同じく，その言葉だけに注目するとよくわからないことになりますね」と若松先生は書かれていますが，これらの言葉がとても胡散臭く聞こえるときとかありませんか。「支える」「見守る」「任せる」ということが免罪符になったり，言い訳の材料になったり，子どもの成長を妨げてしまう可能性があることが，現場で起き始めるでしょうね。

　なんせ，ぼくは「ぼく，マンタくんを支えました」「ぼく，マンタくんを見守りました」「ぼく，マンタくんに任せました」といったように何か言葉にした瞬間，「ほんとうですか!?」とツッコミをいれたくなってしまいます。

　「支える」「見守る」「任せる」って，簡単に言葉に表すことができない行為だと思っています。自分では支えているつもりなんだけど，本当は相手からしたら支えられていないとか…。とても迷い，自問自答をする行為です。この感覚，わかりますかね。

　「コーチング」「ファシリテーション」「メンタルコーチ」といった言葉にも同様のことを感じてしまいます。簡単に言葉を使いすぎかなとも思ったり…。だから，最近はこういった言葉を連発する人に出会うと，身構えてしまう自分がいたりしています。若松先生も最近あまり言っていないですよ。

13-2 意識していること

 樋口先生

　正直な話，「自己指導能力」を育てようと意識したことはないかもしれません。「自分で考えて動ける」「自立する」などのことは考えてきましたが，まったくイコールではないんだろうなと思っています。この引用の中で難しいのは，「児童生徒が，深い自己理解に基づき，」というところです。ぼく自身が自分のことを理解していないのに，深い理解ってどういう姿なのかということがよくわかりません。

ただし，意識していることは，

・「現在・過去」だけで物事を判断しない
・クラスの中でこの子はどう位置づいていくか

ということです。

　トラブルを起こしたという現在，その子の持っている背景という過去だけでその子を判断するのではなく，「来年になったら～」「明日には～」などの将来のこの子の姿を予想しながら，話をするようにします。

　だから，「このまま行くと，周りから人がいなくなってしまうよ」といった厳しい話をすることもあります。

　そういえば，トラブルで話し合いをしているときに

・「あなたは何をしたいのか」
・「あなたは何をするべきか」

と子どもたちに問いかけることがよくあります。でも，このように問いかけると，多くの子が言葉につまる場合が多いように思います。答えることができないということは，しっかりと自分自身を振り返っているのかもしれませんね。

　「自己指導能力」は1年間で身につけるというよりも，6年間で，さらには中学校の3年間といったように長期的に渡って育てていきたいものです。

　そのために，4月には前担任から新担任への引き継ぎがあったり，新中学1年生の子と交流する小中交流会があったりしているはずです。でも，感覚として引き継がれているというよりも0からスタートという感覚があります。つまり，今の制度にはなにか問題があり，変えていく必要があると思っています。変えていくためのアイデアはありますか。

胡散臭さ…確かに「ほんとうですか？」と突っ込みたくなる気持ちも分かります。「支える」「見守る」「任せる」という言葉を使っていればよいと思っているのはよくないでしょう。これらの言葉はそんなに簡単な指導や支援ではありません。

・そもそも「支える」って何だろう？
・そもそも「支える」ってどうすることだろう？
・どうして「支える」が大事になるのだろう？
・本当に「支える」ことができているのだろうか？

…と絶えず言葉に立ち返って，自分の指導や支援を見つめ直すのであればいいと思います。日々よりよい指導や支援を模索する過程でこうした言葉に出会い，向き合おうとするのは大事です。

　ボク自身こうしたことを大事にしているので，「支える」「見守る」「任せる」ということも意識しています。ただ，誰かにその実践を伝える際には，簡単な言葉で終わらせないようにしています。『教師のための「支え方」の技術』（明治図書，2022）でも細かく書きました。

　コーチング，ファシリテーションも同様です。大事なことには間違いありません。でもボク自身はコーチングやファシリテーションを先に学んだ訳ではありません。よりよい指導や支援を模索する過程で，更に成長するきっかけの一つとしてコーチングやファシリテーションの考えや技術がありました。

　きっとこれからも「これが大事だ」と言われる言葉や技術はたくさん出てくると思います。こうした言葉を言葉で終わらせるのではなく，自分の内側にあるものとつなげていくことを大事にしたいものです。発信する時にも気をつけたいと思います。

14-2 変えていくこと

若松先生

「ぼく自身が自分のことを理解していないのに，深い理解ってどういう姿なのかということがよくわかりません。」と書かれているところが，樋口先生らしくて素敵ですね。先ほどの言葉の話と同様に，何となくわかった風にして取り組んでいくのではなく，「どういうことよ？」と捉えていくことを大事にされているのがいいなと思いました。

大きく変えるアイデアというよりも，やはり「学校として」どのようにこのような力を育てていくのかをじっくりと考える必要があるでしょう。学校教育目標や生徒指導の方針などをもとに，6年間，9年間…と子どもたちの成長を見通して，よりよい指導や支援を考えることで，少しずつ接続部分がなだらかになっていくと思います。

ただ，実際にそうなっていないんですよね。今書いたことは理想ではあるけれど，なかなか実現が難しいです。45ページにも学校教育目標について書かれていましたが，「学校として」というところをどのように捉えて実現していくかですね。

各先生によって教育観が違うのは当たり前です。指導や支援のスタイルに異なりがあってもいいはずです。でもその中で，絶えず「6年間で…」という視点を持てるようにしたいものです。ただ，実際には目の前の1年間に必死になってしまいますよね。

それこそ，以前話題にした「教科担任制」，「チーム担任制」，「異年齢学級」等が本当に実現されれば，また違った状況になるはずです。でも，これらを本当に実現するのはむずかしいですよね。「自分ひとりで学級担任したい」と思っている先生が多いように感じます。そこの発想の転換をしていく必要がありますね。

2人の授業づくり

第3章

2人の授業づくり

若松先生 × 樋口先生

1-1 授業づくりで大切にしていること

若松先生

　この章は，若松からスタートをしていきます。授業づくりについて，お互いの考えを深めていきます。

　2021年度までは一緒の学校（京都教育大学附属桃山小学校）に勤務していたので，よく授業についてのお話をさせてもらっていましたね。とても懐かしいです。勤務校が少し離れてこうした機会が減ったので，誌上ですがやり取りできるのがうれしいです。

　早速ですが，樋口先生が授業づくりでこだわっていることや大事にしていることはどんなことですか？もちろんたくさんあると思うのですが，その中でも「ここを大事にしている」という芯や核となる部分を教えてください。

　ボクは，子どもの思考過程，学習過程がどのように変遷していくのかを想像しながら授業づくりすることを大切にしています。皆さん，当たり前のことだと思いますが…。

・この学習活動は子どもたちにとって必然性があるだろうか
・子どもたちがより視野を広げたり考えを深めたりするための資料とは
・子どもたちが大事なことに気づいたりつかみとったりするための場の工夫とは
・子どもたちからはどのような「問い」が生まれ，その「問い」は子どもた

ちの学習にとってどのような位置づけとなるか
・子どもたちの思考過程，学習過程に寄り添う単元デザインとは

…といったことを考えながら，子どもたちにとってよりよい学習をどのように支えられるかを追究しています。

　昔は，「この発問をする」「こんな板書をする」と，授業中に教師が行うことを事前にはっきりと決めることが多かったです。

「この発問で子どもたちの思考を動かして…」
「こう板書しながら子どもたちが更に大事なことに気づけるように…」

…と，かなり教師の意図や力が強かったです。

　しかし，現在はもっとゆるやかに子どもたちの学びを丸ごと受け止めながら共に進むことができるようにしています。教師1年目に台本のようなものをつくっていた自分と比べれば大きな変化，成長です。

1_{-2}　模擬授業って

若松先生

　「授業づくりでこだわっていること」とつなげて伺いたいのですが，樋口先生の中で「模擬授業」ってどのような位置づけなのでしょうか？さまざまなセミナーや研究会等で，よく模擬授業をされているイメージがあります。

　正直，ボクはあまり模擬授業が得意ではないのです…。あまり意図や目的もわからないまま，ここ何年もずっと模擬授業をやっていません。目の前の子どもたちの思考過程や学習過程を追いかけながら授業づくりをしていますが，模擬授業ではその「目の前の子ども」がいないので…。

　ただ，これはボクの不勉強なだけだと思っています。ぜひ教えてください。よろしくお願いします。

2-1 模擬授業によって，自分磨きをする

樋口先生

　まさか，模擬授業の話題が最初からくるとは思いませんでした（笑）

　模擬授業は今年度多く行うように意図的に仕掛けました。11月に5本行う予定です。11月げっそりしているかもしれません（笑）

　大人相手の模擬授業で盛り上がる内容のときは，子どもたちでも盛り上がることが多いように感じています。模擬授業はいわゆるネタではなく，その教科，その単元，その1時間の教科についてしっかり考えていないと大人には通用しません。

　模擬授業をつくるために，自分自身が学び，そして表現をしていくことに楽しさがあります。もちろん苦労もあるため，自分で言っておきながら，しんどいだろうなとすでに思っています。

　模擬授業を受けられたみなさんからご忌憚のない意見をもらえることも楽しみの一つです。というか，そのためにしています。そこが1番の自分磨きだと考えています。意見をもらって，どうしてこちらの思いが伝わらないのかと思ったり，くやしいと思ったりすることは毎回あります。でも，次こそは見ておけよ！といった自分の中の原動力を引き出すことも事実としてあります。

　あとは，模擬授業を通して，僕が考えていること・していることを体験してもらうことがはやいのではないかと考えるときがあります。体験をしてもらったうえで，批判をしてもらえるとぼくはとても嬉しいです。

　ここまで書いて気づいたのですが，ぼくは自分のことを「批判」をしてほしいのです。（否定はしてほしくないです。傷つくので（笑））自分の観，授業形態などはまだまだ未完成だと考えています。そういった批判をうけることで，自分の観，授業形態などをアップデートさせていきたいのだと思います。自分の理想を追い求めるためにしているという，ぼくのわがままなのです。

2-2 模擬授業を自分の学級では…

樋口先生

　ぼくは前述通り，「大人相手の模擬授業で盛り上がる内容のときは，子どもたちでも盛り上がることが多い」と書きましたが，これまではそうでした。

　しかし，現在は大人相手にした模擬授業を自分の学級に持ち込みづらくなりました。色々な学校で飛び込み授業をするのですが，そこでする授業を自分の学級で行うことはほとんどないです。

　いつも一緒にいる子どもたちとは違うから，阿吽の呼吸ができないからといった理由ではありません。

大人相手の模擬授業，飛び込み授業は単発の授業

になってしまいがちだからです。つまり，樋口学級の子どもたちとしている授業は，**単発ではなく，単元を通しての，学期のなかでの，領域のなかでの，教科のなかでの…といったように連続している授業の中の１時間という授業**なのです。これがぼくが授業づくりで大切にしていることなのだと思います。SNSをみると，単発の実践だなという投稿をよく見ることがあります。単発の実践は即時性があり，成果も見えやすいことでしょう。でも，持続性がないのです。

　では，どうして連続している授業を大切にしていきたいのかといえば，やはり

深い学びを実現するため

です。そして，子どもたちの

資質・能力

を育てたいため。単発の実践で深い学びを実現することができるのか，資質・能力を育成できるのかということ。ここら辺に関しては，結構怒っているかもしれない。

3-1 批判してもらう場をつくること

若松先生

　模擬授業を通して，自分を批判してもらう場をつくっておられるのは素敵ですね。やはり，大人（教師）の前で授業するってなかなか勇気がいることです。自分の授業技術や教師としての力量などを見定められているような気がします。

　模擬授業での子ども役は純粋に「学ぼう」という思いを持っているだけではないですからね。絶えず「自分ならどうするか」というものを持ちながら模擬授業を受けているイメージがあります。

　これまで積極的に模擬授業をする場をつくってこなかった分，樋口先生がおっしゃられているような学びはできていなかったなと思います。大人相手に模擬授業を成り立たせるためには，更なる教材研究の「深さ」が必要になってきそうです。

　ただ，樋口先生が実際に子どもたちにされる授業は模擬授業の内容とは異なるのですね。それでも模擬授業をされるのがすごいです。11月に5本もするのですか⁉ボクには考えられません。

　飛び込み授業もボクにはできそうにありません。どうしても授業をするのであれば，その前の1週間は学校にいたいです。そんなことは無理でしょうが。実際，飛び込み授業で求められることは違うのかもしれませんね。

　ただ，子どもたちの表情や様子，発せられる言葉から瞬時に子どもたちの学びを見取って，子どもたちとともに学習を進められるようになりたいとは思います。そこまでいくと達人，仙人の域です。もっと自分自身を鍛えていかなければ…。

　セミナーでは，そんな樋口先生の考えておられることを参会者の皆さんに伝えられているのですか？模擬授業を受ける皆さんが，どのように学んで自学級での授業につなげておられるのかが気になりました。これは，樋口先生がどうこうできる話ではありませんが。

3-2 連続している授業

若松先生

　ボクも単発の実践や授業ではなく，子どもたちにとって連続している授業になることを意識しています。ただ，そんなことを意識するようになったのは，教師としての経験をある程度積み重ねてからです。

　最初にも書きましたが，初任の頃は台本のようなものをつくっていたほどです。教師１年目の後半に，国語の研究会に入ってから少しずつ意識が変わってきました。

　まずは，国語の文学的文章や説明的文章の学習で連続している授業らしいものを意識するようになりました。子どもたち一人ひとりの「問い」を受け止めたり，学びを追いかけたりしながら学びの場づくりをしようとしていました。

　「連続している授業らしいもの」と書いたのは，その当時はそんな風に考えられていなかったからです。ただ単に，

「どうすれば，子どもたちにとって必然性のある学びの場をつくることができるか」

としか考えられていませんでした。「子どもたちにとって必然性のある学び」を考えると，自然に子どもたちの学びの筋道や連続性に目を向けるようになりました。

　そこでの試行錯誤のおかげで，他教科での学びの場づくりにおいても子どもたちの学びの連続性を意識することができるようになりました。徐々に「これは他教科での学習でも同じだな」とつながりが見つかってきました。

　樋口先生は，いつから「学びの連続性」について考えられるようになりましたか？そのきっかけなどがあれば教えてほしいです。

4-1 連続している授業を意識し始めたのは

　連続している授業を本当に意識し始めたのは，ここ最近だと思います。ぼくが研究している算数は系統だった教科です。ある意味，もともと学びが連続しています。12年目の後半から連続している授業を意識していたと思います。しかし，若松先生と似ていますが，今となっては当時のぼくは「連続している授業らしいもの」という意識だったのでしょう。

　本当の意味で，連続している授業を意識し始めるようになったのは，「問い」を研究テーマにしたことがきっかけでした。

　問いが新たな問いへ結びつく，これこそが最近考えている学びの連続性です。だから，問いを見つけても新たな問いに繋がらなければ，それは問いとは言えないとも考えています。つまり，

　その時間内で問いが連続することもあれば，単元全体で問いが連続していくこともある

ということです。だから，授業を考えるときは，単元内であったり，学年を越えての学びの連続性をもっと意識しながら，授業づくりをしていくことが求められています。

　こういったことから，最近指導案検討会をしていたり，校内研究会の講師として呼ばれ授業を見させてもらうとき，必ず授業者に聞くのが，

・これまでの授業のこと
・これから先どのような授業を行なっていくのか
・本時は単元内のどのような位置づけなのか

ということです。研究授業はあくまで単元内の1時間の授業です。単元内のキリトリをしている場面を見るわけです。だから，授業がうまくいったとしても，授業がうまくいかなかったとしても，今後の授業によってはうまくい

った授業が実はうまくいっていなかったということもありえます。逆も然りです。授業がうまくいったとしても，上記のことが答えることができないのであれば，それは良い授業ではないとも言えます。

　だから，ここ最近は授業の講評に何を言っていいのか困るんですよね…。

4-2 「問い」についてモノ申す！

 樋口先生

　「問い」についての書籍を出しているぼくの責任もあるかもしれませんが，少し「問い」が軽くなっている良いように感じています。だから，問いについてモノ申したいことがあります。

　それは「問いを見つけたらよい」「子どもたちが問いを持たせるようにしたい」「問いをたくさん見つけたらよい」などの，問いを発見するということについてです。

　確かに，子どもたち自身が問いを発見することに異論はありません。ただ，そこが1番大事なことなのでしょうか。別に教師が問いを投げかけてもいいのではないでしょうか。

　問いを発見することはあくまで入り口。ここに最近意識しすぎているのではないかと思うことがたくさんあります。

　問いを発見した後に，【問いについてどう考えていくのか】というところがセットになって話を進めていかないといけないと，問いを発見することが何か薄く感じてしまうのです。授業で最初は盛り上がっているけど，後半盛り下がっていく授業は，まさにこれにあてはまるのではないでしょうか。

　もう一つ，モノ申したいことは，問い実践によって，「深い学び」を実現することができているのかということです。自分たちで設定した問いを解決して終わりではなく，むしろ解決した後からが本番なのです。ここが抜けている授業が，特にタブレット端末が入ってきてからより急増したように思います。タブレット端末上で表現物を作成し，全体で交流し，終わりといった授業では深い学びを実現していないのです。

5-1 誰かの授業を見ること

若松先生

　樋口先生も「授業の講評に何を言っていいのか困る」のですね。ボクも同じです。その1時間（45分間）で全てが決まるわけではないからこそ，簡単に善し悪しを決めないことを大事にしています。ボクがこうした視点で話すことで，授業者も「連続した学び」を意識することができるようになるのではないかと思っています。

　後は，授業者に授業をしっかりとふり返ってもらうことを大切にしています。

・今日の授業でうまくいったこと，うまくいかなかったことは？
・「思っていたのと違う」というのはどこですか？
・子どもたちの学びを見ていて，授業者として判断に迷ったところは？
・次の時間以降にどんなことを活かしたい？

…と問いかけます。授業者に「連続した学び」が意識されていれば，そこに合わせて助言するようにしています。子どもたちの学びを次の時間以降にも活かしていこうとするでしょう。

　ただ，そもそも「連続した学び」が意識されていなければ，そこに意識を向けられるようにすることから始めます。ここら辺はなかなか難しいですね。やはり「1時間（45分間）でどうにかしないと」といった考えから抜けられない方が多い印象です。

5-2 「問い」実践について考える

若松先生

　ここ最近，「問い」という言葉が更に注目されるようになりましたね。ずっと昔から大事にされてきていることですが，「学習者主体」「個別最適な学

び」が注目されるようになったことで，意識する先生が増えたのではないでしょうか。

　ボクは『学習原論』（中野光編・木下竹次著，明治図書，1972）に書かれている木下竹次の言葉が好きです。紹介します。

「自己建設の学習も疑問をもって出発点とする。学習者は疑問を持って学習を閉じる。学習のさい優秀なる疑問を起こすことのできたものはすでに大半成功しているものである。学習者は学校にでるとき家庭に帰るときもつねに新しい疑問をもっていく。かれらは疑問と常駐することを必要とする。」

　「自己建設の学習」「疑問をもって出発点とする」「すでに大半成功している」「つねに新しい疑問」「疑問と常駐する」という言葉に，子どもたちの「問い」を受け止めながら共に学習をつくっていく際に大切なことが書かれています。

　樋口先生のおっしゃる通り，「問いを見つければよい」「問いが書かれていればいい」ではありませんね。「問いをつくることが目的」になったらよくわからないことになります。子どもたちの学びにとって「問い」とはどのようなものかをきちんと考える必要があるでしょう。

　さまざまな地域や学校で「めあて・まとめを書きましょう」「ふり返りを書きましょう」がスタンダードになって形骸化していることと同じですね。学習のめあてを持つことやまとめを整理すること，ふり返りを書くこと自体は大切なことです。しかし，その意味や目的を考えないまま実践すると，子どもたちにとって「書かなければならないもの」「ただ，写せばいい」となってしまい，本当の学びにはつながりません。

　この現状に出会って，樋口先生は何か行動に移されていることはありますか？実際に講師で行かれる学校でもこのようなことが起きているのではないでしょうか。

6-1 「問い」実践はキラキラしたものではない

樋口先生

　「問い」実践はキラキラしたものではありません。むしろ泥臭く取り組んでいくものです。そのように考えると，しんどいものです。でも，楽しいのです。

　例えば，「問い」実践を国語で行う場合，単元に入る前に100個自分で問いを書き出してみるということをします。なぜ100個なのかと聞かれると，苦しいところがありますが，100個問いを作り出すには，こと細かく文章を読まないと，子どもがどのような間違いをするのか予想しないと，目の前の子どもたちがどのような反応を示すのかを予想しないと出てきません。それでも，100個を出すことはとてつもなくしんどいことであり，最後の方は絞りだしているという感覚です。

　だから，最近ではこの問いを100個つくり出すということを，研修で実際にしてみるということもあります。下の画像は，オンラインサロンメンバーで，2年生「お手紙」で100個の問いを考えたものです。

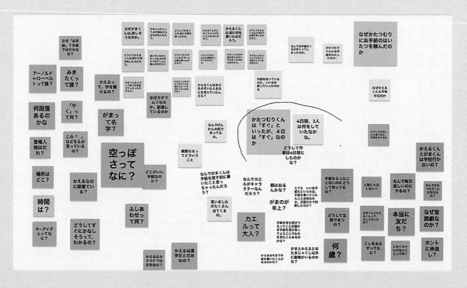

大人6人くらいで取り組んでいましたが，それでも難しかったです。また，初めて取り組まれた方から，「これは教材研究ですよね」とも言われていました。そのとおりです。教材研究です。

ぼくたちは，「問い」実践に取り組んでいくときに「教材研究が必須」ということを必ず言いますが，ここまでの取り組みが必要だということです。

6-2 ここまでするのか…

樋口先生

「100個じゃなくてもいいのでは？」と言われたこともあります。前述通り，100個にエビデンスはありません。そのため，もっと少なくても良いかもしれません。

ただ，これだけの数を事前に考えておくと，

どのような問いが子どもたちから出てきたとしても対応

することができます。自分の「問い」実践にも余裕が出てきます。授業で子どもたちの問いによって，授業展開を変更することもあります。授業をしている中で，単元を通しての授業プランを変更することを頭の中でできるのは，ここまでの事前準備があるからです。

予想していなかった問いがでてきて焦ってしまったという話もよく聞きます。ぼくからしたら，予想しておこうよということです。事前に考えた問い以外の問いがでてくることは，ほとんどありません。別に考えた100個の問いしか出させないというわけではありません。より自由な問いがでてきてもいいし，予想外の問いもでてくることもあります。

ここまでしておかないと，ぼくは「問い」実践に取り組むことはできません。ここまでしてなくて取り組んでいた過去の実践は，とても浅いもので終わっていると今振り返ってみて思うことが多数あります。

若松先生

　事前に「問い」を100個予想するのはいいですね。子どもたちが学習材に出会った時や学習を進めていく過程にどんな思考をするのかを考えておくことで，子どもたちの「問い」や思考を受け止めながら学びの場をつくることができるでしょう。学習材の特質や価値に目を向け直すことにもつながりますね。

　この100個をどのように分類するかが大事になりそうですね。教材の特質とつなげて，子どもたちの学習過程とつなげて…とさまざまな分類の仕方があるでしょう。こうしたことに取り組むことを通して，子どもたちの「問い」の位置づけを教師が明確にしておくよさを実感できるといいなと思います。

　実際に学習する目の前の子どもたちのことをとことん考えようとせずに，こうした実践をすることは難しいです。「子どもたちに任せて終わり」「問いをつくって終わり」ということも，こうしたところから生まれるのでしょう。

　ボクは「問い」実践という括りができていることが気になっています。ボクも子どもたちの「問い」に注目することや子どもたち自身が自分の「問い」を意識して学べるようにすることを大事にしています。ただ，それはあくまでも「子どもたちのよりよい学び」が生まれる過程に子どもたちの「問い」が大きく関係していると感じたからです。

①学習材に出会う
②問いをつくる
③問いを解決する
④学習をまとめる

　確かに上記のような流れはキレイです。しかし，子どもたちの学習はそん

なにキレイには進みません。さまざまなことに興味を持ち，わかることが増えると同時にわからないことが生まれ…と，ぐるぐる進んでいきます。一人ひとりの学びを大事にしようとするのであれば，子どもたちの学習過程は更に複雑になっていくでしょう。

そこを無視して，「問い」実践の流れだけを大事にしようとするとよくわからないことになるでしょう。子どもたちの「問い」というものがどういうものかを自分自身でしっかりと考えて，その上で実践に取り組む必要があると考えます。

7-2 浅いもので終わる

若松先生

樋口先生が過去の実践をふり返って「浅いもので終わっていた」とおっしゃっていたことが気になります。そこのところをもう少しくわしく教えていただけないでしょうか？「問い」実践に取り組まれている人が，次のステップに進むヒントがそこにある気がします。

樋口先生の「浅いもの」は，どのようなことを指しているのか。それもボクや他の先生と異なるかもしれません。抽象的な言葉だからこそすごく気になります。

そもそも，樋口先生が「問い」実践に取り組まれるようになるまでは，子どもたちの「問い」に注目していなかったのでしょうか？そんなことはないはずです。教師の発問や板書にこだわっていたとしても，子どもたちの学ぶ過程にある「問い」には注目していたはずです。

樋口先生のおっしゃる「問い」実践に取り組むということは，これまでと何が変わったのかが気になります。また，これまでと変わっていないことも同じく気になります。実践の中で「問い」だけが抽出されるとよくわからないからこそ，樋口先生の試行錯誤について聴かせていただきたいです。

8-1　深い学びがあるのか

樋口先生

　浅いもので終わるというのは，ここまでに書いた通り，

　1つ目は深い学びがあるのかどうかということ
　2つ目はその問いによって子どもたちが学ぶ姿勢ができているのか

ということかなと考えています。

　だから，シンキングツールを完成させたら良い，タブレット端末を操作したら良いといった実践を多く見かけますが，やはり浅いなぁと思ってしまいます。最近だと，Canva や kahoot! の実践をよく見かけるようになりましたが，浅いなとも思ってしまいます。結局，知識や表現物に注目されてしまうんだなと思ってしまいます。

　ただ，浅いということは，深いところにもいけるということです。深いところにつれていくのは，教師の役割だと考えています。

　若松先生が示した①学習材に出会う　②問いをつくる　③問いを解決する④学習をまとめるという流れでも②で子どもたちが問いをつくり，③で解決をするとき，子どもたちがとても主体的に取り組んでいる様子に見えます。しかし，学びが深まっているかはわかりません。問いによっても，浅い問い，深い問いがあります（ただし，不適切な問いはありません。子どもが作った問いに対して不適切と表現するような先生には，問い実践をするための準備が足りていないと思っています）。浅い問いしか考えることができていない子どもには，深いところにいくための仕掛けが必要になってきます。

　そういった仕掛けを事前に考えたり，前述のように問いを予想していたり，教材について分析をしたりといった子どもには見えない，泥臭い準備が必要です。以前のぼくはこれが甘かったということです。甘いから問い実践をしていても，なにかうわべだけのまとめになることが多いです。

こういったことをしなくても，どうにかなるのが，浅い学びです。こういったことをしなくても，①学習材に出会う　②問いをつくるまではどうにかなります。しかし，③問いを解決するのところで，解決できずに迷った時には，解決の仕方を教えないといけません。アドバイスをしないといけません。事前に考えておかないと，そういうことができません。④学習をまとめるのところでも，どのようにまとめていくのか，そのための方法をしっかりと考えておかないといけません。問い実践に限らず，授業をするって，とてもしんどいことです。

誰かの追試をしていくときに，この部分をしないと本当の意味での追試にならないことでしょう。でも，最初のうちに追試をしてみて，その反省をすることが何より大切なことです。

8-2　問いはこれまでにも

樋口先生

若松先生が書かれているようにこれまでにも「問い」を大切に取り組んできました。そして，「問い」はこれまでにもあったことです。そして，これからもあることです。ただ，ぼくのこれまでの問いは，小山・道田（2021）が示している

　　教師主導型の児童生徒の問い
　　自由生成型の児童生徒の問い

の内の教師主導型の児童生徒の問いでした。ここ最近は，自由生成型の児童生徒の問いについて考えているということです。

『引用文献』
小山義徳・道田泰司『「問う力」を育てる理論と実践』ひつじ書房，2021

9-1　目的がどこにあるのか

若松先生

　「深い学びがあるのか」というのはずっと意識し続けたいところですね。結局どのような子どもたちの学びを支えるために，子どもたちの「問い」に注目しているのかということを考え続けたいものです。

　そうすれば，ただ単に

・子どもたちにとにかく「問い」を出させる（無理矢理）
・単元の前半に子どもたちが「問い」を出せばよい
・子どもたちに「問い」を出させたものの，どうすればよいかわからない

ということにはならないはずです。樋口先生のおっしゃる「浅い学び」で終わることにもならないでしょう。

・本当に子どもたちが「学ぶ」とはどういうことか
・この単元における「深い学び」とはどのような姿か
・「テストが解ければ終わり」ではない学習とはどのようなものか

…と，私は問い続けることを大切にしています。正直，どの「問い」に対しても「これだ！」といえるものはありません。子どもたちの学ぶ姿を見ながら，学習材と向き合いながら絶えず模索しています。

　決して「正解は無いよね」「わからなくて仕方がない」ではありません。絶えず模索するからこそ，子どもたちにとってよりよい学びの場をつくることができるでしょう。子どもたちの「問い」への注目の仕方も変わってくるはずです。追試とかそのような話でもなくなります。

　樋口先生がおっしゃるように，他者の実践から学ぶ時には「自分の頭で考える」ことが大切になってくると思います。「良さそうだから」「子どもたち

が簡単に動きそう」「何か盛り上がるから良いだろう」だと，その場はうまくいっても長続きしないでしょう。

　樋口先生もボクも自分なりに追究したり試行錯誤したりしていることがあるからこそ，他者の考えや実践に出会った際に，自分の追究していることに肉付けするように学ぶのでしょう。決して，その全てをそのまま取り入れるのではありません。自分が主体となって考えて，自分の追究していることを更によりよいものにしていこうとするのです。

　子どもたちの「個別最適な学び」「協働的な学び」もこうした学びと重なりますね。大人こそ，「個別最適な学び」「協働的な学び」をする必要があると思います。そうすることで，子どもたちのそのような学びの場をつくることができるでしょう。

9-2　「しんどい」だけどおもしろい　若松先生

　「教師主導型の児童生徒の問い」「自由生成型の児童生徒の問い」と分けて考えるからこそ，また「問い」に注目することができますね。「教師主導だからよくない」ということもないでしょう。そもそも「教師主導」という言葉に対するイメージも人によって違うはずです。

　だからこそ，やはり

- 児童生徒にとって学ぶとはどういうことか
- 児童生徒の学びにとって『問い』はどのように関わってくるか

と問い続けること，考え続けることが大切になります。こうして根本のところに立ち返る癖を大切にしたいものです。うわべの所だけを捉えて自分のものにしようとするとうまくいきません。「学ぶ」ということはそれだけ複雑なものです。

10-1 具体的に書いていこう

　前ページで，

・本当に子どもたちが「学ぶ」とはどういうことか

・この単元における「深い学び」とはどのような姿か

・「テストが解ければ終わり」ではない学習とはどのようなものか

・児童生徒にとって学ぶとはどういうことか

・児童生徒の学びにとって『問い』はどのように関わってくるか

といった項目を，問い続ける項目として，若松先生があげてくれました。これらの項目は，前述のように，「正解は無いよね」「わからなくて仕方がない」ではありませんということもわかっています。

　だからこそ，しっかりと現段階でどのように考えるのかということをぼくたちは実践者として発信をする必要があると考えます。今のままでは，すごくぼんやりとした内容でこの本はおわってしまいますよね。だから，お互いに言語化をしていきましょう。

10-2 「教師主導」という言葉に対するイメージ

　そこで，まず注目したのが，教師主導という言葉に対するイメージについてです。

　一般的な教師主導とは，

・教師と児童生徒のやりとりがメインの授業

・教師が一方的に教える講義型授業

・教師が問題を与え続ける授業

などをイメージするのではないでしょうか。これらの授業スタイルは，アクティブ・ラーニングという言葉が出てきて以来，「受け身」の授業スタイルとよく批判される授業スタイルになりました。確かに，この授業スタイルで

は，子どもが自力で思考する力，子ども自身で試行錯誤する力，子ども自身で学びを深めていく力が育つことは難しいかもしれません。

でも，

- 知識を伝えたいとき
- 限定的かも知れないが子どもに思考させることができる

という良さもあります。

ぼくは，基本的に学校で行うことは全て「教師主導」と考えています。この考え方に若松先生との違いがあるように思っています。学校という空間，何時間目にどの教科をするのか，どの単元の学習をしていくのかなど，基本的には教師の方が決めていくわけです。だから「児童生徒主導」ということは基本的にはないと思っています。

ただし，マックスを100としたとき，教師主導100・児童生徒主導0という分割ではありません。教師主導80・児童生徒主導20，教師主導60・児童生徒主導40といったように教師主導を100から減らしていくことができたり，児童生徒自身に「私たちが主導になって取り組んでいる」と思わせたりすることはできるでしょう。

自由進度学習もぼくからしたら教師主導。ただし，教師主導100・児童生徒主導0ではない教師主導の授業スタイルと言えます。

では，自分の一般的な授業スタイルは右の図のどこなのかということを考えてみましょう。若松先生はどこになると分析しますか。ぼくはこうなるかなと思っています。

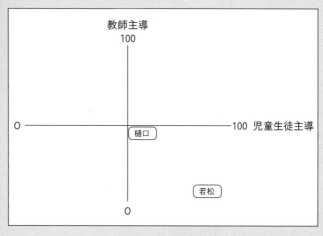

「児童生徒主導」というものがもう一つよくわかりません。「導く」のはやはり教師の役割だと考えます。「教師主導」と「児童生徒主導」と分けておられるのは，学級内のある状況におけるリーダーシップの割合の問題でしょうか？それとも，「児童生徒主導」は「児童生徒主体」と同じようなイメージでしょうか？

　前者であれば，状況に応じてその割合が変わるでしょう。教師が積極的にリーダーシップを発揮する場もあれば，子どもたちがリーダーシップを発揮する場もあります。その中で，教師だけがずっと強いリーダーシップ（教示型リーダーシップ）を発揮し続けるのは考えものです。

　ただ，子どもたちがリーダーシップを発揮できるように委譲するからといって，教師が何もしないわけではありません。その「子どもたちがリーダーシップを発揮できるように委譲する」といったリーダーシップ（委任型リーダーシップ）を発揮します。

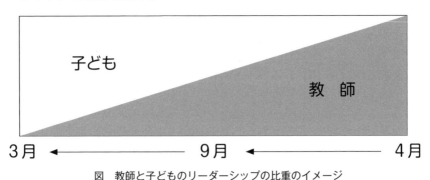

子ども

教　師

3月　◀━━━━━━━━━ 9月　◀━━━━━━━━━ 4月

図　教師と子どものリーダーシップの比重のイメージ

　拙著『「深い学び」を支える学級はコーチングでつくる』（片山紀子編著・若松俊介著，ミネルヴァ書房，2017）で片山紀子教授が理論部分に示した上図はそういったことを表しています。決して，最後に「教師が何もしない」「教師のリーダーシップが0」ということではありません。教師のリーダー

シップが，「教示型リーダーシップ」から「委任型リーダーシップ」へと変遷していく過程における，「学級での教師と子どものリーダーシップの比重のイメージ」がこの図で表現されています。決して，このようにキレイな形で進むわけではありませんが…。

　後者の「児童生徒主体」といったイメージであれば，「教師」と「児童生徒」で足して100という考えにはなりません。それぞれ分離しています。この「主体」の捉え方にもよりますが…。辞書（三省堂国語辞典第八版）には「主体」の意味が以下のように書かれていました。

①（自分の意志にもとづいて）相手にはたらきかける，その本体（↔客体）
②（組織などの）中心。主となるもの

　ボクが「子ども主体の授業」を考える時は，①のイメージです。溝上慎一さんが「主体的な学習」のことを「行為者（主体）が課題（客体）にすすんで働きかけて取り組まれる学習のこと」と定義づけられている（「溝上慎一の教育論」ＨＰ）のとつながります。こうした学習が生まれる授業のことを「子ども主体の授業」と考えています。

　②の意味で捉えると，「子どもたちを学級の中心におく授業」となってしまい，ちょっとよくわからなくなります。それだと「任せればよい」「説明してはいけない」となってしまう先生も出てくるでしょう。「子どもを中心におく」ことが目的になってしまうのはおかしな話です。

　ボクは，子どもたち（主体）がどのように客体とかかわり合いながら学ぶのかをどのように支えられるかを追究しています。直接指導することもあれば，間接指導することもあります。子どもたちのよりよい学びのために，その指導を使い分けています。そういう意味では教師の主体性は100％です。

12-1 教師のいらない授業はどうなる？

樋口先生

　若松先生の原稿を読んでいて，まず思い浮かんだキーワードが「間主観性」でした（「間主観性」とは何かは検索してみてください）。

　「主体」と「客体」については，また興味深い話ですね。行為者（主体）が課題（客体）と書いていますが，課題だけが客体とは限らず，行為者もときには客体なのではないでしょうか。

　子どもたちは誰もが主体であり客体でもあり，そんな子どもたちが集まって，一つの空間があると考えています。だから，子ども主体の主語は子どもではなく【子どもたち】と考えています。右の図のように，子どもたちは位置づいているということです（本当はもっと線はたくさんあり，複雑であることでしょう）。

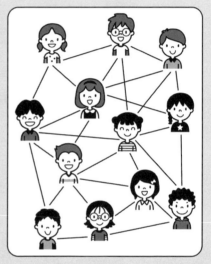

　教師の主体性は100％というキーワードもまた興味深いです。教師の主体性は100％というと，教師がずっと子どもたちを指示しているとか，教え込みなどのイメージを持たれないかは心配していますが…。結局は人は見た目だけでその言葉を表したいものかなと思いますが…。

　若松先生の著書に『教師のいらない授業のつくり方』というタイトルの本がありますが，実際には「教師の主体性は100％の教師のいらない授業」というタイトルになりますね。となると，教師の主体性が100％ということで，教師のいらないという言葉に何か矛盾を感じるところはありますが…。若松先生の授業を見ていて，誰よりも授業に仕掛けがあり，誰よりも子どものことを見ていると感じ，若松先生のいらない授業など感じたことがありません。

以上のことを考えたとき，子どもたちのよりよい学びのために，その指導を使い分けていると若松先生は書いていますが，そうなると，指導によって下図の教師がどのように位置づくのかが変わってくるように思います。

12-2　教師の立ち位置

樋口先生

　教師の立ち位置は，以下の4種類を考えました。紙面の関係で，詳しいことは次回の自分の原稿で書いていきます。

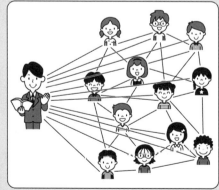

13-1 教師のいらない授業？

若松先生

　「課題だけが客体ではない」とおっしゃるところ，まさにその通りですね。ボクも客体を「課題」と絞ってしまうともったいないと感じています。子どもたちがあらゆる客体（ヒト・モノ・コト）とかかわり合いながら共に学ぶことができる授業づくりをしたいです。

　ただ，この「課題」というところに教師の指導性が表れているのかなとも思います。「本当に何でもいいよ」というわけではなく，教師はある一定のフィールドを用意するはずです。そこで，子どもたちは自分（たち）の課題を見つけていくでしょう。

　「教師から課せられた題」ではなく，「自分に課した題」だからこそ，「すすんで働きかける」が生まれやすくなります。それは，決して「教師からは指示しない」「教師から問いかけない」といった単純なことではありません。そもそも「課題とは何か」と深掘りすることで見えてくることがあります。

　間主観性は，教職大学院に入ってから意識するようになった言葉です。それだけでなく，以前から社会的構成主義の考えにある「学習者は他者とのコミュニケーションを通じて知識を社会的に構築していく」を意識しながら授業づくりをしています。樋口先生のおっしゃる「子ども主体の主語は子どもではなく【子どもたち】」とつながりそうですね。

　あの本，ボク的には「自律的に学ぶ子どもたちを育てる」というところをタイトルにしたかったのですが，そうはなりませんでした。正直なところ，最初は「どうかな？」と思うこともありました。しかし，このタイトルをもとに「教師の役割」について目を向け直したり，追究し続けるきっかけになったりすればいいなと思うようになりました。

　「子どもたち（主体）がヒト・モノ・コト（客体）にすすんで働きかける」授業が実現する時に，子どもたちは「教師がいないとダメだ」「教師がいないと始まらない」とはならないはずです。子どもたちが自律的な学習者にな

るための指導や支援を続けたいです。

　ただ，教師はやっぱり必要です。ボクは，そんな子どもたちの中にどう入り込んで「共に学ぶ」を実現できるかを考えています。

13-2 「共に学ぶ」意識

若松先生

　この4枚の画像であれば，ボクのイメージは右のものになります。もっと子どもたちの内側にいる時もあるかもしれません。何度も引用する樋口先生の言葉にある「子ども主体の主語は子どもではなく【子どもたち】」の中にボク自身もいます。だから，ボク（教師）の主体性が100％なのです。

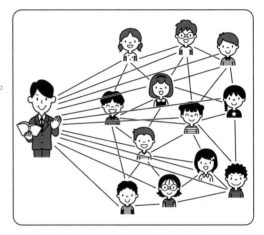

　自分で使っておきながら「主体性が100％」という表現が正しいかどうかは分かりません。ボクが言いたいのは，「自分の主体性を無くす」「子どもたちに任せて終わり」「自分は違うことをしていてもいい」ということではないということです。子どもたちの学ぶ姿を見ながら，かかわり合いながら絶えず自分のできることを模索しています。

　「共に学ぶ」という意識を持つことで，子どもたちと共に学習を進めることができるようになっています。すごく感覚的なところでなかなか言語化することは難しいです。単に学習内容をいっしょに学ぶということではありません。事前に教材研究はたくさんしていますからね。

　これらの図に対する樋口先生の解説，楽しみです。この図に対しても捉え方が違っているかもしれないですね。

14-1 教科書の問題から子どもの気づきが生まれにくい？

樋口先生

　先日，教科書の問題からは子どもの気づきが生まれにくいと書かれている文を読みました。ぼくも20代のころはそのように思っていました。しかし，それは果たして本当なのか疑問が残ります。

　とてもつまらないと評されている映画を見たとしても，「この映画つまらなかったな」という気づきがあるはずです。一方で，とてもつまらないと評されている映画を「とてもおもしろかった」と思う人がいます。

　つまり，何が言いたいのかといえば，子どもの多様な気づきを認めない，クラス全体で統一したい，教師の方でこれをしたい‼といった思いが教師にあるときに，教科書の問題からは子どもの気づきが生まれにくいというような主張になってしまうのではないかと考えました。

　今，3年生では2.4＋3.5といった小数の筆算の学習を行っています。塾や通信教育で先取り学習をしている子たちにとっては，そんなに難しい課題ではありません。よくそういった子たちから「簡単だ！」「塾でした！」という声が上がってくることでしょう。しかし，前時までの小数のたし算で，0.2＋0.5というのは，

- ・0.2は0.1が2つ，0.5は0.1が5つ，
- ・合わせると0.1が（2＋5）個になる。
- ・0.1が7個あるため0.7になる。

　つまり，0.1という見方をしたときにはこれまでの学習でしたたし算で考えることができる

という本質的な学習をしていれば，「簡単だ！」「塾でした！」と言う声がほとんどでなくなってきます。その代わりに，

　「あ！これまでの筆算と同じじゃん」とか「今日も0.1の何個分を考えるのかな～」「計算できるけど，0.1の何個分はなんか難しんだよな～」といった気づきがでてくることでしょう。このような気づきがあると，みんな同じ課

題でもいいんですよね。そのような気づきがあると，若松先生が言う「自分に課した題」になっているのですから。教師から課せられた題が，一人ひとりの気づきによって，自分に課した題になることもあるのでしょう。

このように考えてみると，若松先生が「「教師からは指示しない」「教師から問いかけない」といった単純なことではありません。」と書かれているように，授業づくりって「単純なこと」ではないんですよね。複雑なんですよね。

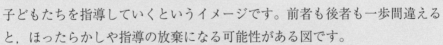

$14_{\text{-}2}$ ほったらかしになってない？

さて，83ページで示した図ですが，やはり若松先生はその図を選択されたのですね。予想通りでした。説明は若松先生が書かれている通りです。

右図は一人ひとりというよりもクラス全体で指導をして，子どもたち同士の関係を築いていこうということを表しています。

残り二つは，学級内から，学級外から子どもたちを指導していくというイメージです。前者も後者も一歩間違えると，ほったらかしや指導の放棄になる可能性がある図です。

『学び合い』，「単元内自由進度」，教師のいらない授業のイメージがこのようになってしまっていないかと危惧をしています。

ある程度，子どもたちに自律する力がついているのであれば，このようなことも可能でしょう。しかし，4月最初からはありえないのではないでしょうか。教師は学級にいるのです。必要なのです。

15-1 教科書にどう注目するか

若松先生

　教科書について考えるのはおもしろいですね。樋口先生は算数の教科書編集に携わっておられるので，さまざまな思いを持たれているのではないでしょうか。「教科書の問題からは子どもの気づきが生まれにくい」と思考停止してしまったらもったいないですね。

　ボク自身，若手の頃から教科書の意図を考えるのが好きでした。算数であれば，使われている数字や言葉，事例等の意図を考えることで，子どもたちの学習過程をどのように支えていけばよいかを考えられます。教科書から「単純に何でもいいわけではない」ことを教えてもらいました。

　それをもとに多少のアレンジをすることもありました。より子どもたちの生活経験につながるようなものにならないかなと試行錯誤していました。ただ，これも「何でもあり」ではありません。結局は，教科のことや学習材についてしっかりと学び，子どもたちのことをていねいに見つめて，どのような学びの場づくりをすればよいかを絶えず試行錯誤することが大事だと考えます。

　樋口先生が示された図の中で，教師があの立ち位置にいる図を私が選んだのもそれに関係しています。結局は，

　「子どもたちと共に見つける」
　「子どもたちと共に考える」
　「子どもたちと共に学ぶ」

です。「何を伝えるか」「何を提示するか」「何を見守るか」なんて事前に決まっているわけではありません。子どもたちとのかかわり合いの中で教師のすべきことを見つけています。もうそれは「すべきこと」という意識がないこともあります。

教科書も含めた学習材もその関係性の中にあります。「中にある」という表現が正確かどうかはわかりませんが，ヒト・モノ・コトの中に私も子どもたちも学習材もあり，互いにかかわり合っているイメージです。もちろん，その中で教師の指導性を意識することもあります。

「複雑なんですよね」と仰るのは正にその通りです。だからこそ，ボクはあまり言語化するのが得意ではありません。だって複雑だからです。書く機会をいただいても言語化しきれないことに悩み続けています。でも，言語化することで自分自身に新たな発見があるのでおもしろいです。

15-2 さまざまな「方法」と共に

 若松先生

先ほど，「単元内自由進度学習」と「『学び合い』」に注目されていました。子どもたちの学習について，こうした「方法」として名前がついてしまうことについてどのように思われますか。もちろん，元々の理念や哲学は素敵なものです。それぞれの「方法」の素敵な実践者も知っています。

ただ，樋口先生がおっしゃるように，「方法」の一部だけを抽出して活用しようとされる方もいます。そのため，結局は教師も子どもたちもしんどい思いをすることになってしまいます。仕方のないことであると言えば仕方のないことなのかもしれませんが…。

ボクはなるべく「方法」として何かを確立することを避けるようにしています。あくまでも「ボクはこうしています」「ボクはこう考えています」というスタンスです。それでも一部を抽出して取り組まれて，「うまくいかないんですけど…」となられる方もいます。難しいところです。

樋口先生はたくさん発信をされているので，そういう場面や状況に出会うことがたくさんあるのではないでしょうか。「危惧をしています」とつなげて，ここのところをどのように考えておられるのかをぜひお聴きしたいです。

16-1 若松法あるよ

樋口先生

　あれ？気づいていない？若松法あるよ。きっとぼくたちも若松法や樋口法という方法が実はあるのだと思いますよ（笑）。おそらく，すごく再現性が低いと思うのですが（笑）。ぼくたちが「ボクはこうしています」「ボクはこう考えています」と言うスタンスは同じです。「ボクはこうしています」「ボクはこう考えています」とぼくたちは情報を伝えているわけですが，最後には自分のクラスに適応するように自分自身の力でアレンジをしていくしかありません。情報を集めるだけでなく，取捨・選択・適応していくということです。そこのお手伝いは，クラスに入り込まないとできないこともあるため，なかなか難しいところがあります。

　教師の立ち位置の図はそのときの状況によって，変幻自在に変わるものだと考えています。この変幻自在に変わることも自分で経験を積んでいくしかないのではないかと思います。「子どもたちと共に見つける」「子どもたちと共に考える」「子どもたちと共に学ぶ」ためには，そのときによって立ち位置も変わるということです。そして，その立ち位置に反省はあったとしても，正解はないということです。今日は正解でも，明日は不正解かもしれない。今日は不正解でも，明日は正解かもしれません。教育って，そういうものだと思います。反省するときは，「主体的・対話的で深い学びを実現していますか」というところに立ち戻るなと最近は考えています。

　「方法」の一部だけを抽出して活用しようとされる方は，その「方法」の一部だけを抽出したものが全てだと真剣に思っていることでしょう。

　あと，個人的に自分の中での方法を確立してしまうと，自分の成長が止まってしまうのではないかと，20代のときはよく考えていました。最近は，おそらく自分の中で方法が確立され始めているのだと思います。その方法をアップデートしていったり，マイナーチェンジをしていったりしている感覚が自分の中ではあります。

16-2 教材研究って，どうするの？

樋口先生

　教科書のことで言うと，いまだに「国語の物語文で何を教えたらいいです
か？」という質問がくることがあります。学習指導要領を毎回必ず読んでよ
とはなかなか言えませんが，せめて指導書や朱書きは読んでよと思ってしま
います。もっと言うならば，この単元で何を教えるのか，教科書に書いてい
るよと思ってしまいます。いかに，短時間でその場で授業をどうしようかと
いうことを考えているのだなと思ってしまいます。

　そして，できるなら教科書の問題を解いてほしいと願っています。解いて
いく中で，クラスの子たちのことを思い出したり，ここが間違えそうかなと
考えたりすると思います。

　実は最近困っていることがあります。それは，

教材研究をどうしたらよいのか

と若手の先生に相談されることです。若松先生ならどう答えますか。

　ぼくたちは，「教材研究が大事」とよく言っていると思います。でも，そ
の教材研究って，直前に単元を通して行うだけでなく，長期間にわたって行
なっていることもあるはずです。例えば，当該学年でないときに，違う学年
の授業を見たり，雑誌を読んだりしたときに，その単元について考えている
ことでしょう。この経験って，大きいなと思うのです。というか財産ですよ
ね。

　また，実際に授業したという経験も大きかったりすることでしょう。こう
言うとこんな反応があるのか，今回の失敗は次の時にはこうしたらいいのか
なと振り返ったりしていると，それだけで大きな学びになります。

　だから，一つ言えるのは，現状のぼくのような教材研究はできないという
ことです。もちろん，できることも多くありますが…。だからどう伝えると
相手にはとても効果的なのかなと悩んだりすることもあります。

17_{-1} 誰かの方法，自分の方法

若松先生

　もちろん，自分なりにずっと追究していることはあります。ただし，それらを「方法」として確立することは避けようとしています。なぜなら，「方法」とすることで自分の思考が停止してしまうからです。「子どもたちの学び」は複雑なものだからこそ，複雑なまま捉えられるように絶えず「模索中」の自分でいたいです。

　樋口先生のおっしゃる「変幻自在に…」というものと重なるでしょう。そこが教師の仕事のおもしろさであり，難しさでもありますね。「正解はない」と同時に，「『正解がない』からなんでもいいというわけではない」ので，絶えず迷い続けることになります。

　その中で，自分の経験が少ないと「誰かの方法」に頼りたくなる気持ちもわかります。子どもたちへの指導や支援の選択肢が少ないからです。経験と省察を積み重ねることで選択肢は増えますが，そんな余裕がない先生も多いでしょう。子どもたちとの授業は待ってくれません。

　「誰かの方法」との出会い方，付き合い方は，「今のままではよくないかもしれない」と思うことから始まるような気がします。そこから，ちょっとずつ「自分なりに」を見つけようとするのではないでしょうか。自分を見つめ直したり，目の前の子どもたちの姿を丁寧に見取ろうとしたりしていると，自然とそんな自分になれるはずです。

17_{-2} 教材研究をすること

若松先生

　どうなんでしょう。誰かにアドバイスするのが得意ではないボクに聞かれても困るところです。例えば，

　「素材研究が大事だよ」

「学習指導要領をしっかりと読もう」

「この単元で大事にしたいことを見つけよう」

「自分が学習者になりきってみることで見えることがあるかもよ」

「さまざまな教育書を読んで視点を得よう」

…と，教材研究をする上で大事なことを伝えても，その先生の教材研究がよりよくなるとは限らないですよね。なぜなら，その先生の問題意識と繋がらなかったり，それぞれの意図が伝わらなかったりする可能性があるからです。

　だからこそ，ボクは，すぐにアドバイスするよりも「今，どうやって教材研究しているのですか？」「結局，授業でどんなときに困りますか？」と問いかけるようにしています。そうすると，

「今，国語の教科書をしっかりと読むようにしています」

「朱書きを読むようにしています」

「子どもたちの出てくる意見を受け止められなくて」

「つい一問一答形式の授業になってしまっておもしろくありません」

…といったことが出てきます。意見を受け止められない自分，一問一答になってしまう自分にとことん向き合ってもらいます。そこから，「じゃあ，どんなことをすればよさそう？」みたいなことを問いかけながら，その先生が考えられるようにします。

　もちろん，ボクがどんな風にしているかも伝えます。でも「それをやればいい」ではないですもんね。本人がどのようなことに困り，何を解決しようとしているかによって必要な教材研究は変わります。そのことを，その先生が見つけていく過程を支えられればいいなと思います。試行錯誤を奪わないようにしたいものです。

18-1 せめて教科書の問題を解いてよ…

樋口先生

　ぼくはどうしてもひねくれている人だから，思考停止と言われると，思考停止と表現しているだけでそれがもう思考停止なんじゃないのかなと思ってしまう自分がいます（笑）

　授業づくりについて，ぼく自身が最近よく伝えることは，

**　まずは教科書を読んでよ・教科書の問題を解いてよ**

ということです。

　国語科の物語文や説明文を学習する前には，一度は文を読むと思います。しかし，算数科になると，その場でも答えを出すことができるため，またここまでしないといけないというおよその範囲がわかります。そのため，教科書を見ずに，授業にのぞまれる方がいます。その結果，子どもが主体的にならなかった…ということを言われる方もいます。

　さすがに，学習指導要領や指導書を読んでよとは思いますが，なかなか言うことはできません。だから，せめて教科書の問題を解いてよと思うのです。

　1年生の算数でも解いて欲しいです。例えば，9 + 3という問題であれば，先生たちだと間違えることなく，12と答えを出すことができるでしょう。それでも問題を解いて欲しいのです。解いてみることで，

・こういうところが大切だな〜
・ここはみんなすぐに解決することができそうだな
・こういうところでみんなつまづきそうだな

といったことに気がつくのではないかと考えています。こういったことが問題を解決するよりも大切だと考えています。問題を解決するだけなら，学校でなくても良いのです。だから，ぼくは子どもたちが取り組む問題を解いていく中で，上記のようなことを考え，問題をアレンジしたり，授業展開を工

夫したりするようにします。

　上記のことは，

・こういうところが大切だな〜

　→教科としての学び

・ここはみんなすぐに解決することができそうだな

　→授業展開の工夫

・こういうところでみんなつまづきそうだな

　→児童観

ということにつながるのではないかと考えています。だから，こういうところが大切だなと思わない場合は，教科としての学びについて考える力が先生自身に足りないのではないか，こういうところでみんなつまづきそうだということに気がつかないのであればもしかしたら子どもを見る力が先生自身に育っていない可能性があるのではないのかなと思っています。

18-2 〜がでてきてほしい

樋口先生

　授業づくりの相談を受けていたり，指導案検討会に参加したりしている中で，「○○といった考えが子どもたちの中から出てきて欲しい」というようなことを聞きます。出てきて欲しいということは出てこないということもあります。つまり，運に頼っていると言うことです。運に頼るような授業はどうなのでしょうか。

　○○といった考えが子どもたちの中から出てきて欲しいのであれば，子どもたちの中から出てくるような「仕掛け」が必要です。そのためには，若松先生が書かれている「素材研究が大事だよ」「学習指導要領をしっかりと読もう」「この単元で大事にしたいことを見つけよう」「自分が学習者になりきってみることで見えることがあるかもよ」「さまざまな教育書を読んで視点を得よう」ということが大切になってきますよね。

　授業って，おもしろいかもしれないけどしんどいものだと思います。

19-1 思考停止になっていないか

若松先生

　決して「思考停止」という言葉を他者に向けて使いたいわけではありません。あくまでも自分に向けての話です。もちろん「全く考えない」わけではないでしょう。しかし、「方法」として確立することで、それ以上深く考えないようになってしまっている自分がいます。

　「思考停止になっていないか」ということは、自分の中で強く意識していることです。今から数年前、ある先生が研究会に参加している皆さん（私も含む）に「思考停止になっていないか」と伝えられていたことが今でも印象に残っています。どんな流れでその話になったかは書けませんが、ハッとさせられました。

　正直、他の人が思考停止しているかどうかは分からないですし、そこまで興味がありません。自分自身の中で、深掘りせずに止まっていることがあればそこに自覚的でいられるようになりたいです。そこから進む方がおもしろいと思えるようになってからは、絶えず考え続けることを大切にしています。

　樋口先生が「まず教科書の問題読んでよ」「教科書の問題を解いてよ」と仰るということは、そういう先生とたくさん出会われたということですね。現状にとどまらず、一歩先に踏み込んで考えられるようにするためにはどんなことが必要なのでしょうか。

　正直、ボクにとっては教科書の問題を読むことも解くことも必然的なものです。「言われたから取り組む」「やらなければならないからする」ではありません。実際に解いてみるからこそ、「Aさんなら…」「Bさんなら…」と、子どもたちの思考の筋道を想像することができます。「子どもたちの学びを支える」ためのよりよい指導や支援を考えるためには欠かせないことです。

19-2 「学習指導要領読んでよ」

若松先生

　なぜ「学習指導要領読んでよ」をなかなか言うことができないのでしょうか。他の教育書を読むなら，まず学習指導要領や解説をきちんと読むことの方が大切だと思います。そこに立ち返らないからこそ，逆に苦しくなってしまう先生が多いのではないでしょうか。

　ただ，正直ボクも初任のころはそこまで学習指導要領に興味がなかったです。授業についても「教科書に書かれていることを教える」くらいのイメージしかありませんでした。3年目以降くらいから少しずつ読むようになった程度です。そういうことも含めて，ボクも簡単に「学習指導要領を読みましょうよ」とは言えないかもしれません。

　「教科書読んでよ」「学習指導要領読もうよ」もその先生に足りないものを捉えた上でどう伝えればよいかを考える必要がありそうですね。「教科書を読むことが大事だと思っていない」「学習指導要領に目が向いていない」という現実を理解した上で伝えるからこそ伝わるものがありそうです。

　「○○といった考えが子どもたちの中から出てきて欲しい」ということについて，「その考えが出てきたら授業が成立する」「その考えが出てきたら全体としていい感じにまとまる」…という思考だと，余計にうまくいかなさそうですね。

・そのような考えが子どもたちから出てくるとはどういうことか
・その考えが出てくると他の子どもたちの学びとどのように重なるのか
・ある子の気づきが他の子の気づきや学びにつながるために必要なことは

…とじっくり考えることが必要になりそうです。子どもたちのこれまでの学びを丁寧に追いかけていたら，「全体の場でその考えが出てくる」ことに固執する必要はなくなるでしょう。

20-1 思考停止

樋口先生

　「思考停止していませんか」と誰かに言うということはよっぽどのことがあったからなのでしょう。言う側も言うことに勇気があったように思います。確かに，他の人が思考停止しているかどうかは分からないですし，興味はないですね。こんなことを言っている自分自身が思考停止しているかもしれませんしね。

　ただ，興味はないのですが，思考停止で影響を受けるのは目の前の子どもたちです。それだけはどうにかならないのかと思うことがあります。

　執筆段階で，小学校の行事にて，バスに子どもが取り残されたとか，修学旅行時にパーキングエリアに子どもが取り残されたとか様々なニュースが報道されています。なぜ人数の点呼をしなかったのでしょうか。

　ぼくはバスで移動しているとき，SA などで休憩後に前から後ろ，後ろから前，そして最後に前方から確認をします。ぼくは何度も何度も点呼をします。「なんで何度も確認するの〜，先生って心配性だよね」と子どもに言われたこともあります。

　別に何度も点呼をしなさいと教わったわけではありません。「点呼は大切だ」ということは教わりました。ぼくは1年目電車を使って，遠足に行っているとき，子どもよりも先に電車に乗って，座席に座りました。そんな様子を見ていた先輩から，遠足後「子どもよりどうして先に乗ったのか。後から乗りなさい。全員が乗ったのかを確認してから乗りなさい」と叱られました。直前にはしっかりと点呼していました。だから，そのような思考にならなかったのです。まさに，「点呼をすれば良い」という思考停止状態だったのかもしれません。知らないではすまされません。なぜ「点呼をしないといけないのか」という本質的なことを考えることができていれば，ぼく自身もこのようなことをしなかったかもしれません。ただ，このような経験があるからこそ，思考し続けている自分もいるのでしょう。

20-2 時短術?

樋口先生

　学習指導要領や指導書を読んでよとは思いますが，なかなか言うことができないのは，忙しそうだからです。定時を超えて働く様子を見て，さらに仕事を追加させるようなことはできないからです。（1分，2分でもいいので，ちょっとしたスキマ時間に読めばいいのにとは思いますが…）

　ただ，すごく矛盾している話を書いていますが残業は0になるべきです。授業をすることが教師にとっての本質のはずなのに…。

　最近，「〇〇という教育実践を行うと時短術になった」というSNSでの書き込みをいくつかみて，がっかりしました。時短術のために，教材研究をしなくなった，タブレット端末を使うと…，教科書通り…，時短術が悪いわけではありません。でも，本質はそこではないはずです。結果として，時短術になるのかもしれません。スタートが時短術ではないはずです。

　学習指導要領や指導書を読むということ以上に考えてほしいことがあります。

　みなさんはそれぞれの学校の目指す子ども像を言うことができますか。言えないのであれば，各教科でどんな力をつけようとしているの？と思ってしまいます。各教科における力をつけるだけでなく，資質・能力を育成していかないといけません。

　それぞれの学校の目指す子ども像をそれぞれの学校で目指したい資質・能力と考えると，各教科がどのように目指しているのか，今日行った授業がその子ども像を目指す授業になっていたのか。そんなことを考えることも大切です。でも，きっと考える時間がないのかもしれませんね。こういったことを考えることがとてもワクワクするのは，きっとレアなんでしょうね。

21-1 授業づくり

若松先生

　ちょっと何を書こうかなと迷ってしまいました。前回の樋口先生の書かれている内容は，今樋口先生が持っている問題意識からくるものが大きく関係しているのかなと思いました。「めざす子ども像」と「育てたい資質・能力」って重なる部分と異なる部分がありそうですよね。この前教職大学院でも話題になりました。「そもそも『めざす子ども像』って何なんだろう」と。ここら辺はまた違うところでお話ししましょう。

　ただ，本当に考える時間って大切ですね。授業力を向上させていくためには，やはり「ふり返り」が欠かせないでしょう。そこをサボるとずっと自分の内側の部分が育っていかないです。

　これはボクが3年目の時に，研究会で実践記録を書いた時のふり返りの一部です。

　「子どもの読みの世界にどれだけ自然に入っていけるか」ということが自分の中での課題である。1場面では子どもたちの読みの世界に任せすぎて，読みの深まりにはつながっていかなかった。2場面では少し改善されたが，3場面では逆に自分の思いが出過ぎてしまったところがあった。ただ，子どもたちも各場面の話し合いごとに成長してきており，自分の中で「子どもの読みの世界を大切にしたい」とのテーマを持って色々もがいたことが，今回の4場面の実践につながったのではないかと考える。

　教師の教材解釈をもとにした「こう読んでほしい」という思いと子どもの読みの世界との攻めぎ合いの中で，子どもの読みの深まりにつながる話し合いができるのであって，教師が出過ぎても子どもに任せすぎてもいけないのだろう。「教師が出過ぎる」ことについては前回の実践発表において学び，「子どもに任せすぎる」ことについては「お手紙」の1場面で学んだ「子どもたちがその作品をどう受け止め，何を感じるか」ということを考えながら

教材と向き合うことによって，話し合いで教師がどのように出ていけばいいのか見えてくる。

　それと同時に，そのような話し合いを進めていくためには土台づくりが大切なんだなということを改めて感じた。学級経営，ひとり読み，話し合い学習の在り方について，これからも検討しながら子どもたちとともに実践を積み重ねていきたい。

　改めて読んでみておもしろかったです。ボクはずっとこんなところで試行錯誤し続けているのだなと思いました。その中で，できるようになったことや分かるようになったことが少しずつ増えています。

21-2　1日でどうにかならない

若松先生

　これまで「授業づくり」に書いてきたことは，自分なりに

「こうすればうまくいくのでは？」
「こうすればより子どもたちの学びを支えられるのでは？」

と考えて，実際に授業を行い，ふり返り，また考えて…の繰り返しの結果，考えられるようになっていることです。その「結果」の部分だけをそのまま受け止めると，よく分からないことになってしまうかもしれません。

　ボク自身，教師2年目くらいから上記のふり返りのようなことを考え続けています。試行錯誤し続けています。「任せすぎてうまくいかなかったこと」「教師の願いが強く出過ぎたこと」など，毎日うまくいかないことだらけでした。今でも同じです。

　新たな視点，知識を得たからと言って，1日でどうにかなるわけではありません。そこってすごく大事なところだと思うのです。

教師の仕事術等

教師の仕事術等

若松先生 ✕ 樋口先生

1-1 働き方改革？

　この章も，若松からスタートをしていきます。教師の仕事術について考えを深めていけたらと思います。

　「教師は多忙」「教師の仕事はブラックだ」「働き方改革が必要」…と，教師の働き方についてはさまざまなことが言われています。世の中にこのような情報があふれていることで，「教師になりたい」と思う人も減ってきてしまっているのではないかと心配しています。

　実際，教員採用試験の倍率もどんどん下がっています。「教師をやめたい」人も増えてきており，教師不足になっている学校も多いと聞きます。本当に緊急事態ではないでしょうか。何だか暗いニュースばかりで，悲しい気持ちになってきます。

　樋口先生は，このことについてどのように思われているのでしょうか。『これから教壇に立つあなたに伝えたいこと』（樋口万太郎著，東洋館出版社，2021）を書かれたり，実習生や若手の先生にかかわっておられたり…と，ボクよりもこうした先生の思いがわかっておられるのではないかなと思っています。何か問題意識を持って，こうした関わりをされているのでしょうか？

　また，樋口先生の中で「働き方改革」とはどのようなものですか？樋口先生はすごく忙しい毎日を送られていると思います。研究，セミナー，執筆と目まぐるしくご活躍される中で，ご自身の働き方についてどのように見つめ

てこられたのかが気になります。

・忙しすぎて嫌になったことがある
・自分の働き方を改善する努力をしている
・他の人の働き方もどうにかしたいと思うようになった

…など，いろんなことがあったのかなと思います。同じ職場で働かせていただいた時には，すごく淡々といろんな仕事をこなされていましたが，そこにはさまざまな努力や経験の積み重ねがあったのではないでしょうか。

1-2 教師の仕事はおもしろいけど

若松先生

　ボク自身，教師という仕事はすごくおもしろいなと感じています。日々，子どもたちから学ばされることが多いですし，教師としての成長は自分の人間としての成長にもつながっているのでおもしろいです。ただ，自分の体調や心を犠牲にしてしまうまでするべきものとも思いません。それはどの仕事もですが。

　でも，実際にそうなってしまう先生も多いですよね。「頑張ろう」とする先生ほど苦しんでしまうこともある。どうにかならないかなと思っています。そんなボク自身，気づいたら自分がしんどくなってしまっている時もあるのですが…。

　樋口先生の人生の中で「教師」という仕事の位置づけを教えてほしいです。ボクは，「教師」と「人生」が重なり過ぎてよくわからないことになった時があったように思います。「ボクは人生そのものを楽しめているだろうか？」という問いに悩んだこともあります。正直，今も「教師」が強くなりすぎて，「人生」を大事にできていないような気がしています。

2-1　まだ余裕あり

樋口先生

　学校外の仕事が増え続けている近年…。みなさん忙しくしているんでしょ？とよく聞かれることがあります。でも，みなさんの想像以上に，忙しくないんです。毎日のようにゲームのパワプロの栄冠ナインをしています。呑みに行ったり，テレビを見たりもしています。まだ新たなことに取り組む余力は残されています。

　自分が能力的にできないこと・苦手なこと→ブラックではないということです。できるようにならないといけないこともあります。

　でも，きっと学校外の仕事がこれだけきているのも今だけです。数年後には，きっと今みたいな忙しさはなくなることでしょう。そんなもんです。執筆もしなくなるのかなと思っています。そうなったら，そうなったで過去にすがりつくことなく，今以上にゲームをしているでしょうし，「１年生に特化した学習塾」「プリントづくり」などのやりたいことがたくさんあるので，副業や兼業に取り組んでいることでしょう。だから，今はこの忙しさを楽しみながら，様々なことに取り組んでいこうと思っています。

2-2　様々なことができる秘訣の一つ

　さて，ぼくがこのように様々なことができる秘訣の一つとして，

圧倒的な見通し力

が考えられます。執筆時，運動会が実施される週なのですが，すでに完成したと判断し，ここまでに練習時間を数時間減らしています。

　例えば，本番までに15時間あったとします。

　15時間後に完成というイメージではなく，12時間で完成といったように３時間分の余裕を持たせておくように計画をしておきます。熱中症や雨などが原因によりできないことも想定されます。そんなときに焦ることなく取り組

めるように，計画を立てておきます。

　また，運動会の練習といっても，団体競技やダンスや走競技があったりします。そういった練習を運動会練習が始まるまでに下のように何月何日に何を行うのかを決めておきます。

1回目	○月△日	ダンス	7日目	○月△日	ダンス
2回目	○月△日	ダンス	8日目	○月△日	ダンス
3回目	○月△日	団競・走	9日目	○月△日	走・ダンス
4回目	○月△日	ダンス	10日目	○月△日	予備日
5回目	○月△日	ダンス	11日目	○月△日	ダンス本番
6回目	○月△日	団競・ダンス	12日目	○月△日	予備日

　そうです。この表から見てもわかるように，さらに余裕を持たせるのです。またダンスの決め方もこの日程でできることを行ってきます。こんなダンスをしたい！という教師の思いだけでなく，子どもに負担を感じさせないように子どもたちの実態に応じて考えるべきです。

　また，この日にすることは必ず達成するという意気込みになると，子どもに負担をかけてしまうことになります。そうならないように，さらなる予備日を設けることで，今日できなかったことは，次回にまわそうと計画し直すことができます。

　一例として，運動会練習の見通しを上げましたが，このように余裕を持って，見通して，計画をたてるということをぼくは様々なことで行っているのです。

3-1 「忙しい」を楽しめる

若松先生

　忙しさを楽しめるのは素敵ですね。若手の頃から同じように忙しさを楽しめたのでしょうか？「忙しい」ことに悩み苦しんでいる若手の先生も多く見られます。何か楽しめるようになったきっかけとなるエピソードなどがあればぜひ教えてください。

　ボク自身は忙しいことを楽しいとは思えるようにはなっていません。あまりに忙しければやはり苦しいです。ただ，自分が成長することにつながることに関しては，端から見たら忙しいことでも「忙しい」とは感じていません。

　例えば，ボクは研究会で実践発表をするために，授業を文字起こしして分析していました。授業を録音した IC レコーダーを聴いて，文字起こしするだけでも時間がかかります。それに加えて教師や子どもたちの発言を全分析するのは本当に大変でした。

　ただ，「忙しい」「やめたい」「やりたくない」とは思いませんでした。実践報告をして，フィードバックをもらって…とすごく充実していたので，そんなことを考える暇はありませんでした。

　もちろん，これは業務ではないことです。そこに時間を使って「忙しい」となっていたら本末転倒です。ただ，自分のためになったり，自分がやりたいと思ったりすることに関しては，例え忙しいような状況になっても「忙しい」とは感じません。

**　取り組んでいることが自分ごとになっているかどうか**

がポイントになりそうです。校務分掌，研究授業…と「やらされている」となると，どんどん「忙しい」となってしまいそうです。そうではなくて，自分なりに工夫したり目的を持ったりすることを大切にしたいものです。そんな自分で仕事に取り組むと「多忙感」が減ってくるのではないでしょうか。

3-2 「働き方」を見つめ直す

若松先生

　ただ，定時を過ぎてもずっと職場で働かなければならない状況はおかしいです。「自分の時間」を確保することは必要です。そのためにも自分の「働き方」については目を向ける必要があると考えます。樋口先生が「見通す」ことで余裕を持てるようにしているのと同様に，「時間をつくる」意識を持つことが大切になるでしょう。

　私自身，若手の頃から「時短術」「仕事術」といった本を読むのが好きでした。こうした本を読んで，

・紙書類をデータ化して，パソコン等でいつでも見られるようにする
・机の中や上を整理して，どこに何があるかがすぐに分かるようにする
・自分の仕事内容を紙に書き出して，優先順位を決めて取り組む
・時間がかかりそうな仕事は，まず10分だけでも取り組んでみる

…など，できることから取り組みました。とにかくいろんな仕事術を試してみて，自然と続けられたものだけを自分の働き方に活かしています。

　「忙しい」「時間がない」と嘆くことは誰にでもできます。しかし，自分が工夫することでその忙しさを解消することができるのであれば，その工夫を見つける努力をするとよいでしょう。決して「努力しなければならない」ではありません。「自分のために必要なことに取り組む」といったシンプルなことを大切にするだけの話です。

　私は若手の頃から「働き方を工夫する」ことが楽しかったです。だから続けられたのでしょう。今でも工夫を見つけることを大切にしています。

4-1 「忙しい」を楽しんでいるかはわからない

樋口先生

忙しいのを楽しんでいるかはわかりません。「働き方を工夫する」ことが楽しいと思ったことはぼくはないかもしれません。「忙しい」「時間がない」と嘆いている暇があったのなら，その嘆いている間に何か仕事を一つできるだろうと思ってしまいます。ぼくは基本的には定時に帰りたい人です。

ぼくは，

・締切日ギリギリで仕事をしない
・今取り組んでいることに疲れたら，休憩するのではなく，違う仕事に取り組む
・今すぐにできることはすぐに取り組む
・話しながら仕事をするといったながら仕事をする
・わからないことはすぐに聞く

などのことをぼくの仕事の流儀としています。

ちなみに，ぼくの1番嫌いな仕事は「印刷」です。印刷機の前でがっしゃん，がっしゃんと音を聞きながら，印刷が終わるのを待つ時間が1番無駄な時間だと思っていました。だから，よく子どものノートを印刷室に持ち込み，そこでノートにコメントを入れたりしていました。でも，今はタブレット端末が導入され，プリントを印刷する機会が激減しました。これは，とても嬉しかったことです。

また，無償ではなく，結局お金をいただいているわけなので，しっかりと仕事はしないといけません。ぼくたちは，教職年数関係なく，「プロ」なのです。ある芸人が言う「プロの仕事しましょうや」と思うときがあります。

4-2　スピードはあがる

樋口先生

　1年目のときと今では，明らかに今の方が仕事を行うスピードはあがっています。スピードがあがった要因の一つが前述通りに，「見通す」力があるからです。そして，それを支えるのが「経験」です。1年間行事などの経験をしたからこそ，「このときまでにこんなことをしておけばいい」と見通しを持つことができます。

　職員会議で提案しているのを聞きながら，手帳を出し，前述通りに余裕を持ちながら，スケジュールを決めていきます。もちろん，大切なことは聞きながらです。意見を言うときはしっかりと言うようにしています。職員会議後に，ブツブツ提案に対して文句を言われている方に出会うことがありますが，それもぼくにとっては時間の無駄。周りもよくは思いません。それなら，職員会議で思っていることを思う存分言えばいいのです。

　職員会議が終わってからスケジュールをたてることは，ぼくにとっては二度手間であり，時間の無駄だと考えてしまいます。こういったことも若松先生の言う「時間をつくる」意識につながるのだと思います。

　タブレット端末が入ってきて，より「時間をつくる」ことが容易になったなと思っています。タブレット端末によって，どこでも仕事ができるようになりました。学級通信をつくるときでも，休み時間に写真を撮った時，コメントも一緒に書いておけば，後で学級通信をつくるときもすぐに作成することができます。

　ちょっとした隙間時間で子どもの提出物にコメントをいれることもできます。教材をつくることもできます。ちょっとした隙間時間とは，ぼくにとっては30秒単位かもしれません。いや，もっと短いかな…。隙間時間にチョコチョコと取り組むことの積み重ねによって，定時に帰れるのだと思っています。ただ，スピードがあがると書きましたが，スピードが全然変わっていないという人もいるのが現実ですね。

5-1 教師の仕事

　「嘆いている間に何か仕事一つできるだろう」っていいですね。樋口先生は，本当にできることをきちんとチョコチョコ積み重ねておられる印象です。ボクなんかは，意識しないとそういうことができません。でも樋口先生は本当に自然とされているように見えます。

　「仕事をする」というところに関するお考えも本当にご最もだと思います。ただ，この「仕事をする」というところで難しさを感じるところがあります。「働き方改革」が叫ばれる中で，どこまでが教師の仕事なのかが分からなくなってきている先生も多いのではないでしょうか。

　5年ほど前の話です。私は，職員室でテストの丸つけをしていました。その時の私は「1問ずつ丸をする」のではなく，「全て正解しているところはまとめて大きく丸をする」ようにしていました。すると，丸つけの様子を観ていた副校長から「正解しているところは一つずつ丸つけした方がいいんじゃないかな。問題一つずつに価値や意味があるんだから。こうした一つずつの『できた』の積み重ねを子どもたち自身が大事にできるようにしたいよね。」とアドバイスしていただきました。私は，雑になっていた自分を恥ずかしく思い，そこからは1問ずつていねいに丸つけすることを心がけています。

　ただ，これは「働き方改革」「仕事を減らす」ことから考えるとどうでしょうか。時間がかかってしまって「よくない」と判断されることかもしれません。「丸つけはしない」「間違っているものだけを×する」という時短術も見かけます。「非生産的だ」「そこまでやるのは無駄な仕事だ」と思われる方もいるでしょう。

　ここら辺，難しいところですよね。「子どもにとってよい」と「仕事として」というところと。「子どもにとってよい」だけを追いかけ続けていたら永遠に仕事は増えるわけです。だからといって「仕事」と割り切りすぎて

「そこはもっと大事にすべきだろう」と思うようなことまで，「生産性が大事」だと片付けてしまうのもいかがなものかと思います。

5-2　どこに時間を使うか

若松先生

　だからこそ，仕事術をきちんと身につけることが大切なのでしょう。書きながら，改めてそんなことを感じました。本当に時間をかけなければいけないことやていねいに取り組みたいことの時間を確保するためにも，細かいところで浪費している時間を減らしたいものです。

　まさに「時間をつくる」意識です。こうした意識を持つことで，少しずつ細かな無駄時間を減らすことができるでしょう。そこの努力をせずに，子どもたちにとって必要なことまで「働き方改革だから」「教師の仕事を減らす必要があるから」となってしまうとどんどんおかしくなってしまいます。

　ただし，「時間をかければよい」という話でもありません。それはそれでおかしな話になります。「時間をかける」ことが美化されるのもよくありません。そこで対立して「どちらかがよい」になるのではなくて，教師一人ひとりが改めて

・「働き方改革」とは何か
・「教師の仕事」とは何か

…といった本質的なところを問い直す必要があるでしょう。「考え方が違うな」と思う人と話してみるとおもしろいかもしれません。「実は大事にしていることは同じだった」ということも出てきます。

　樋口先生は，ここら辺の見極めや時間の使い方，時間のつくり方がうまいのではないでしょうか。きちんと信念を持っておられるからこそ，「自然と」されているのかなと思います。

改革しないといけない仕事もあることも事実です。例えば，プリント印刷を任せたり，テストや宿題の丸つけを任せたりするだけでも仕事の量が変わってきます（テストや宿題は後から見て，どの子がどのようなところでつまづいているのかは把握する必要があります）。

　もし，今の仕事量が半分になったとします。でも，きっとその数年後には「仕事の量が多い」「仕事の量をどうにかしてほしい」といった話がでてくることでしょう。

　仕事の量が減るという未来があるのであれば，それと同時に仕事に取り組む力を身につけないといけない

とも思っています。

　タブレット端末が入ってきて，ぼくはだいぶ楽になったと感じています。でも，タブレット端末が入ってきたことによって慣れるまではしんどいのは間違い無いです。それはわたしもそうでした。でも，慣れようとしないといけないのです。慣れようとしたくないという選択肢がある方も残念ながらいます。正直，ぼくには理解できません。

　どこまでが教師の仕事なのかは正直わかりません。でも，

　教師の仕事とは子どもと接する

ことだということはわかります。教師の仕事とは子どもを成長させることみたいなカッコいいことを言えたらいいのですが，なにかおこがましいと思ってしまい，なかなかそのようなことが言えない自分がいます。

　そして，子どもと接するための環境づくりも教師の仕事なのだと思います。環境づくりとは，職員室や先生同士の関係のことです。これは，会社でもあたりまえのことかもしれませんが。

　だから，ぼくが環境づくりで気をつけていることは，

　毎日，職員室で何かをしながらおしゃべりをする

ことです。元同僚であった若松先生はそんなぼくの様子を思い浮かべることができるのではないでしょうか。毎日，職員室で何かをしながらおしゃべりをすることがぼくの目指している学年の姿です。この年になったので，学年主任になることが増えました。心がけていることはくだらない話から真剣な話まで職員室でするということです。ときには，違う学年のされている話に首をつっこんだり…。そうすることによって，悩みも話しやすくなるのではないかと考えています。

だから，職員室に人がいない，職員室で話し声が聞こえないというのは，ぼくにとっては異常な状態なのです。管理職との関係が悪いのか，学年間でうまくいっていないのか，悩みを持っている人がいるのではないのかということがわかるのです。

6-2　思いが伝わるかどうか

樋口先生

1問ずつ丸をつけることと全体で一つの丸をつけることとに優劣はないでしょう。ただ，「こちらの思いが子どもたちに伝わっているのか」というところが大切なのではないでしょうか。1問ずつ丸をつけていてもこちらの思いが伝わっていなければ，意味がないことでしょう。また，全体で一つの丸で自分の思いが伝わるかもしれません。

何が正解なのかわからないのが教育なのだと思います。

最後にこの話を…。色々なところでしている話があります。デジタル教科書が導入されて，教材研究をする必要がなくなり，17時に帰れるようになったという話です。この先生は，教材研究を「非生産的だ」と思われたのでしょう。

ぼくからしたら，この先生の方が「非生産的だ」と感じてしまいます。17時に変えることを否定しているわけではありません。どんどん帰ればいいのです。ぼくも帰っています。

7-1 自分の中での芯を持つということ

若松先生

「何に」「どのように」時間を使うかをきちんと自分で決めることが大切になりそうですね。

「何となく大切にされてきたから」
「誰かに言われたから」
「誰かが大切だと言っているから」

…で物事に取り組んでいると，どんどん「すべきこと」が増えてしまいます。それでは，取り組んでいること一つ一つの意味や価値を感じられず，子どもたちに「思いが伝わる」こともなくなっていくのでしょう。

ただ，どこまでも膨大に増えていくのも考えものです。自分の中で芯を持っているものをもとにして，どこかで線引きをする必要があるかもしれません。線引きをするというか，

「これは子どもたちができるようにした方がいいのではないか」

と考えることが大切かなと思います。

ボクはそんな感じで，「全て教師が頑張らなければ」というものを減らしてきました。意識的に「仕事が多いから仕事を減らそう」と思ったわけではなく，子どもたちの成長を考えて物事を考えていくと自然と減る部分がありました。その分，違うところに時間を使っています。

7-2 学校組織の中での自分の役割を考える

若松先生

たしかに，樋口先生は職員室でいろんなお話をされていましたね。きちん

と真面目な話もされていましたが，何か楽しい話をたくさんされていたイメージの方が強かったです。樋口先生がつくられる雰囲気に助けられた先生もたくさんいると思います。

　教師としての経験が増えるにつれて，学年主任，研究主任などミドルリーダーとしての役割が増えてきたと思います。「何かおしゃべりしながら…」以外にも何か意識されていることはありますか？一緒に働いていた時は，若手の先生へさらっと声かけしたり，アドバイスしたり…とすごく自然にかかわっておられた印象があります。

　1章にも書きましたが，ボクは若手の先生にうまくアドバイスできないのが悩みです。「こうした方がいいんじゃない」ということをサラッと言えないのです。言葉が思いつかないというか…。他校の研修で「○○の時，どうすればいいですか？」といった質問にもうまく答えられないです。

　結局，その子のことやその先生がしようとしていたことを質問したり，これからしようとすることを一緒に考えたりすることを大事にしています。でも，「もっとスッキリとアドバイスしてほしい」と思っておられる先生が多いんじゃないかなと思います。「どうしたい？」「どうしようと思う？」なんて問いかけられている場合じゃない先生もいるでしょうし。

　また，「若松先生の言葉は正しい」と思われてしまうのも困るなと思っています。もっといっしょに考えたいのだけれど，ボクの言葉にすぐになびいてしまう方もいるので…。だからこそ，ボク自身，何をどのように伝えるのかにすごく悩みます。

　最近は，その先生の試行錯誤に興味があります。かかわり合いながら共に育つという関係性をつくっていきたいです。学級経営で「その子」を知ろうとするのと同じで，学校の中でも「その先生」を知ろうとすることを大事にしたいです。これは決して「大事にしなければならない」ではなくて，自分の中でもそうする方がおもしろいのです。

8-1 3つの目

樋口先生

　仕事には，鷹の目，蟻の目，魚の目の3つの目や視点が大事だといわれています。これら3つの目をまとめると，以下のようになります。

鷹の目	大空から眺めるように，物事を大局的にとらえる視点	長期的な目標
蟻の目	事象をより身近に細かく見る視点	短期的な目標
魚の目	魚のように激しい流れの中でも泳ぐための先を見通す視点	未来的な目標

（引用元　https://workaholicdiary.com/work-hacks/three-eyes）

　20代の頃は最初は学級単位でこの3つの目を持って取り組もうとしていました。そもそも，学級単位でもこの3つの目を先生自身が持つことは難しいと思いますが…。

　学級単位だったのが，学年主任や様々な長を行なっていく中で，学年単位そして学校単位で3つの目で見るようになりました。

　そして現在のぼくは，

　学級単位，学年単位，そして学校単位の3つの単位で3つの目を発揮して日々過ごしているように感じます。この3つの単位を持っているからこそ，若手の先生へさらっと声かけしたり，アドバイスしたり…とすごく自然に関わることができるのだと思います。

　若松先生も，おそらく自分が思っているよりも自分に影響力があることは間違いがないです。そのことを自覚しないといけないと思います。だから，時には言いにくいことを言ったり，時には厳しいことを言ったりすることも必要だと考えています。

　そして，矛盾する話かもしれませんが，別にぼくはアドバイスをしようとは思っていません。自分の中ではおしゃべりをしている感じなのです。アド

バイスと考えると，なんだか説教くさくなりそうな感じが自分の中ではしているのです。SNS の使い方も似ているところがあるかもしれません。

　結局は一人では何もできない。学校という組織で考えたとき，自分の役割とは何かを考えてほしいなと思います。こういった考えは40代手前だから考えていることでしょう。

　だから，20代なら20代の役割，30代なら30代の役割がきっとあることでしょう。そして，自分なりの役割もあることでしょう。

　20代はどんどん失敗を恐れず突き進んで！なんかあったときは，助けるからとも思っています。これがぼく自身がしてもらったことですから。

8-2　教師ががんばることは変わらない 樋口先生

　「全て教師が頑張らなければならない」という意識は20代のときに比べると，かなり減ってきました。

　例えば，4月には，給食当番表も，学級目標も作るのであれば，子どもに任せます。若手の頃は，何時間もかけてコリに凝った給食当番表を作ったりしていました。そういったことをしなくなったのです。

　給食当番表も学級目標も適当で良い，なんでも良いとかではなく，「給食当番表を作ることで生まれる教育効果」まで考えた上で，子どもたちに任せています。こういった教育効果を考えずに導入をすると，うまくいかないことでしょう。

　でも，裏を返したら子どもに任せていながらも，「全て教師が頑張っている」ということは間違いありません。ただ，

　教師が頑張るという内容や質は変わる

ことでしょう。

9-1　若手から中堅へ

若松先生

　ボクは27歳の時に今の勤務校（京都教育大学附属桃山小学校）に来ました。初任者はほとんど入ってこない環境だったので，若手でいる期間が長かったです。30歳を超えても下から数えた方が早かったです。普通の学校なら，たくさんの後輩がいてもおかしくないはずです。のうのうと過ごしていました。

　そのため，「中堅としてどう振る舞うか」ということを意識できていませんでした。自分の中で「意識を変化させる」ことをしてこなかったことを反省しています。最近，少しずつ若手が増えてきたことにより，「しっかりしないといけないな」と思うようになりました。

　樋口先生がおっしゃる「影響力がある」というところにきちんと目を向けたいです。自分自身は「大した中堅でもない」「みんなといっしょに考えたい」と思っていても，若手の相手からすれば「先輩」ですもんね。それだけで「若松先生の言うことは正しそう」となってしまうこともあるかもしれません。そうなると，若手の先生は自分の考えていることをそのまま伝えようとはしなくなる可能性がありそうです。

　「時には厳しいこと」もなかなか難しいですが意識したいです。それは「厳しい言葉を使う」ということではないですもんね。目の前の現実にきちんと目を向けられるようにしたり，おかしなことに気づけるようにしたりするということだと捉えています。「その先生なりに」試行錯誤しているところを丁寧に受け止めて支えられるようになりたいです。

　「『支える』なんて甘えたこと言ってる場合じゃないよ」と言われるかもしれませんね。そこは，自分の中でも変化しています。前よりもかかわり方が変化しました。今年度，いろんな先生とかかわる機会があったので，少しずつかかわり合いのコツを掴むことができるようになってきました。

9-2　SNS，セミナー等での過ごし方

若松先生

　樋口先生は，学校でもセミナーでも SNS でも雰囲気が変わらないですよね。それがすごいなと思います。説教臭くもなく，フランクで，いい意味でふざけていて，時にズバッと鋭いことをおっしゃるイメージがあります。

　ボクは，「自分自身が使ってみないとそのよさや課題がわからない」という意識から X や Facebook 等の SNS を使うようにしましたが，いまいちそのスタンスも定まっていません。最近，「自分がかかわれる人数はそこまで多くない」ということで，少しずつ発信等を減らそうとしています。ちょうどいい SNS との付き合い方になってきました。

　樋口先生は，本を書いたり，セミナーを開いたり，SNS をしたり…と，どんどん活動や交流の幅を広げられていますが，果たして疲れないのでしょうか？最近ボクは「セミナーや SNS で話すことには向いていないんじゃないかな」と思うようになってきました。本を読まれる方，セミナーで話を聞かれる方等に思いを馳せると，どんどんよくわからなくなってきました。

　ボクは，直接かかわれる人数と，何度も対話を積み重ねるような場の方が合っているような気がしています。互いにかかわり合うことで，ボク自身たくさん学べる環境が楽しいです。こちらも向き不向きがあるのかもしれませんね。

　樋口先生が何かしら自分の考えや実践等を「発信する」という時に意識していることや大事にしていることはありますか？それだけでなく，困っていることや試行錯誤していることも教えていただければうれしいです。きっと SNS との関わりで悩んでいる先生も多いと思います。

　10年後には，また違った「教師の学び方」が生まれているかもしれませんね。他の方の学びにあれこれ言える筋合いはありません。「本当に大事なこと」は絶えず探れる自分でいたいです。たくさんの人に出会えるからこそ，「自分」を見失わないようにいられるといいですね。

10-1 え？疲れているけど？

 樋口先生

　え？疲れていますよ（笑）数年前に，自分のいつもの状態をいわゆる元気という状態から，少しは疲れているという状態にマインドを変えたんです。そうすると，なんということでしょう。少し疲れているが当たり前になるので，疲れていると思わなくなるんです。少し元気なときには，超ハッピーになるんです。約十年前に大きな病気をしました。そのときに，自分にとってリアルな「死」が目の前になりました。そのときに，毎日生きているだけで丸儲けじゃんという明石家さんまさんばりのマインドになったことも大きいことでしょう。

　しかし，なんか恐い話していますね（笑）ここまでできるのもしっかりリフレッシュできているからだと思います。

　こういったマインドができるようになったので，「あの子疲れているな〜」「無理をさせる場面ではないな」と思えるようになったのも事実です。20代の頃は松岡修造ばりの熱さのマインドでした。「疲れている？そんなの気合いでどうにかなる！」と思っていた自分もいました。

　きっとこんなに忙しくしているのはあと数年で終わることでしょう。きっと，数年後には本を書いたり，セミナーを開いたりすることはかなり減少することでしょう。そんなもんだと思います。だから，今をがんばっているのかなと思います。新たなオンラインの場をつくろうとも考えています。

　でも，こういったマインドを若い人に押し付けようとは思っていません。その人にはその人の人生があるし，本を書いたり，セミナーを開いたり，SNSをしたりすることが意識が高いというわけでもないので。ただ，どのような形でも良いので，

　学び続けて欲しい

と願っています。

10-2 学び方は変わっても

樋口先生

　SNS，セミナーによって，交友関係がグッと拡がったように思います。現在は，オンラインシステムを使うことで，会いたい人にすぐに会える，聞きたい人の話をすぐに聞ける。とても良い時代になったなと思っています。

　ぼくが20代のときは，よく東京に行っていました。研究会に参加し，飲み会に参加し…。とても楽しい時間でした。愚痴などもたくさん先輩たちに聞いてもらいました。

　そのようなことが，コロナによって激変しました。今でこそ，対面のセミナーが再開されつつあるものの，以前に比べると少ないように感じます。だから，若松先生が書かれているように10年後には，また違った「教師の学び方」が生まれている可能性もあります。メタバース内でセミナーが実施されているかもしれません。

　対面のセミナー，オンラインのセミナー，どちらにもメリットもありますし，デメリットもあります。だから，ぼくはハイブリッド開催がこれからのスタンダードになればよいなと思っています。

　なんにしろ，どのようなかたちであれ，

・自分の成長のために学ぶ
・それが，結果として子どもの成長にもつながる

ということはこれから先も変わらないことでしょう。もっと自分のために時間を割いてもよいと思います。人生は一度きりです。

　さて，ぼくは40代に突入です。10年後は50歳。この40代もきっと大きな変化があることでしょう。でも，変わらず，「自分の笑顔のため，そして子どもの笑顔のため」に仕事をしていきたいと思います。

　ということで仕事術編はここまでです。

それからの2人

それからの2人

若松先生 × 樋口先生

1-1 今，何を考えている？

若松先生

　1章〜4章の内容は，2022年度に書いたものでした。すぐに返事ができる時もあれば，そうでない時もあり…。気づいたら1年間が経ってしまいましたね。ただ，1年間かけて樋口先生とやり取りできたことがとてもおもしろかったです。貴重な経験でした。

　この本は出版されるまでに時間がかかっている本です。note やX等のSNS上でやり取りするのではないおもしろさがあります。今，この原稿を書いているのは2023年6月です。もう2023年度に突入しました。今，改めて以前に書いた原稿を読んでみるとおもしろいです。

　正直，「この本，本当に出版されるのかな？」と心配になったことがあります。なぜなら，1年前にやり取りしていた時に書いたことと，今の考えには違いがあると思ったからです。普通に本を出すときは，そのようなものがあれば書き直します。でも，こうしたお互いのやり取りをもとにした本だと，それが可能ではありません。どこかを修正すると話がかみ合わなくなってしまいますからね。

　ボクも樋口先生も，日々あれこれ試行錯誤しながら考えを更新していくタイプだと思います。常に同じところにとどまっていませんよね。だからこそ，「修正」ではないですが，最後にこの章をつくりました。改めて，今考えていることを書き合ってみませんか？

1-2 授業をしていない

若松先生

　昨年度は教職大学院に通っていました。今年度は勤務校（京都教育大学附属桃山小学校）に戻りましたが，主幹教諭となったため授業をする機会がなくなりました。そのため2年間，授業をしていません。（たまに，代行で授業をすることはありますが）

　学級担任をしていた時にボクは，自分なりに「こうすればいいのでは」「こうしてみよう」と考えたことをもとにして，実際に子どもたちの学びや育ちを支えることを大切にしていました。授業後や1日の終わりにふり返ることで，自分の見方や考えを更新させることができました。

　今，その試行錯誤のサイクルに入っていないことが不思議な感じです。これまでと違った考えの更新の仕方をしているのですが，その際，「頭でっかちになっていないかな？」「子どもたちの学びを無視した考えになっていないかな？」と見つめ直すことも大事にしています。

　実際，昨年度にやり取りさせていただいた時の考えと変わっているところは，教師観についての捉えですかね。この立場になって様々な先生が授業したり子どもたちにかかわったりしている姿を見ながら，より複雑さを感じるようになりました。ボク自身の思考過程や試行錯誤と全然違うなと。当たり前のことなのですが。

　また，1章の最後に「ともに試行錯誤する」と書いていますが，すごく難しいです。その学級での子どもたちを見取り，先生を見取り，子どもたちと先生の間で起こっていることを捉え，学校全体で起こっていることを捉え…と，かなり複雑すぎてどうしようかなと思っているところです。

　もっともっと見ていかないといけないこと，考えていかなければならないことが増えました。今のポジションでボクに何ができるのだろうと日々試行錯誤しているところです。

2 あなたはあなたでいいんだよ 樋口先生

　もう1年以上もやりとりをしていたんですね。時の流れは早い…。確かに，心配しているように1年前にやり取りしていた時に書いたことと，今の考えには違いがあるのは確かにあると思います。でも，それこそが「不易と流行」なんだと思います。

　不易と流行の使い方を間違えているケースが多くなります。拙著『子どもたちの学びが深まるシン課題づくり』（明治図書，2023年）でも書きましたが，

　不易…本質的なこと
　流行…その時代によって流行していること。いつかは廃れること

みたいな使われ方をしますが，本来の意味とは違いますよね。若松先生のように，新たな立場，新たな悩み，新たな試行錯誤をもとに新しく常に変化していくことがよいのではないでしょうか。

　「すごく難しいです。その学級での子どもたちを見取り，先生を見取り，子どもたちと先生の間で起こっていることを捉え，学校全体で起こっていることを捉え…と，かなり複雑すぎてどうしようかな」と書かれているところで思いついたのは，養護教諭の先生に見取りのアドバイスしてもらうと良いのではないでしょうか。

　養護教諭の先生は，学級担任とはまた違った視点から見取りをしたり，先生も見取り，子どもたちと先生の間で起こっていることを捉え，そして学校全体で起こっていることを捉えた上で，先生方にアドバイスをされていると思います。今まで養護教諭の先生は学校全員の子どもたちの名前と顔を一致させており，一人ひとりの様々な情報を知っておられました。これって，すごいことですよね。長い期間その学校に勤務していればするほど，その子の

ことを知っています。これは本当に尊敬することですよね。こういうことを若松先生はしていかないといけないのかもしれません。

　また，担任の先生と同じ見取りをしないほうがよいのかもしれません。よく若松先生は「今，若松学級を見られていて，気になることはありませんか」と聞いてくることがありました。これって，きっと自分が見取りきれていない子どもたちの情報を集めていたのではないでしょうか。見取りきれていないと書くと何か失礼な言い方になってしまいますが，どんなに学級経営名人とよばれる先生であっても，見取りきれていないことは必ずあると考えています。それほど膨大な情報が存在しているでしょうし，人はそれぞれ偏った視点で見取ってしまうのだと思います。逆に見取ることができていると思っているほうが，よほど周りを見ることができておらず，怖いことでしょう。

　だからこそ，若松先生は若松先生の立場での見取りをすればよいのではないでしょうか。その見取った情報を担任に伝えていくことで，担任も自分にはなかった見取った情報を手に入れることができるのだと思います。

　ただ，何でもかんでも情報を伝えると，担任は情報過多になり，しんどくなってしまう恐れはありますが…。どの情報を伝え，どの情報を伝えないのかという判断も必要になってくることでしょう。

　そして，その情報も活かすのかどうかはその担任の先生の判断になりますが…。

　若松先生は十分に試行錯誤をされているとも思うのですが…。

3-1 養護教諭の存在

若松先生

　ボクも樋口先生も共通の「養護教諭」の方をイメージしていると思います。一緒に附属桃山小学校で働いていましたので。いつか，どこかで「養護教諭」のすごさや存在感，有り難さ等について書ければいいなと思っていたので，今回こうして書くことができてよかったです。

　ボクは今の学校に勤務して10年以上経ちますが，ずっと養護教諭の先生に支えられています。どう考えてもその養護教諭がおられなかったら今のボクはいません。それぐらいの存在です。

　何でしょう。学校にいるどの子のことも丁寧に見ておられ，本当に子どもたちのことしか考えていません。ボクは，いつもその方のおかげで「何が大事か」に立ち戻ることができています。「研究が…」「よりよい学びは…」とか色々考えなければならないようなことがありそうですが，実際はそんなことよりも「目の前の子どもたちがどう過ごしているか」の方が大事ですよね。

　今のポジションでも色々と悩むことや試行錯誤することばかりですが，絶えず「目の前の子どもたちがどうか」に立ち返るようにしています。常にそこに立ち返ることで，やるべきことが見つかっていっています。実際，できていないことばかりですが，絶えずできることを見つけていくことを楽しんでいます。

　この「楽しむ」は，決して物事を楽観的に考えているわけではありません。正直，今「あぁ，ボクはまだまだ何もわかっていないんだな…」と思わされることばかりです。「子ども」のことも「学校」のことも全然わかっていません。なので，少しずつわかることやできることが増えることを楽しんでいます。

　そこで，いつも「子どもたち」のことを深く捉え，「学校」を広く見ておられる養護教諭の存在は大きいです。いつも大事なことを教えてもらっています。「教育」「学校」のことについての自分の狭い捉え方を，一緒に話した

り考えたりすることで広げることができています。

3-2 ボクの立場で

　「若松先生は若松先生の立場での見取りをすればよいのではないでしょうか。」といった言葉がボクの中であれこれ響いています。ボクがそのまま見取ったことを伝えても，何かクセが強すぎて伝わらないことも多くあるような気がしています。気のせいかもしれませんが。

　でも「立場」も含めて考えた時に，ボクだからこそ見えていることを大切にしながら，「どう伝えるか」を考えていくことが重要になっていきそうですね。その先生自身や，その先生と子どもたちとの間に起きていることを丁寧に見取っていきながらできることを見つけたいです。

　ただ，「どう伝えるか」を意識するあまり，結局回りくどくて何も伝えられていなかったら意味ありませんよね。それぞれの先生の思考過程，試行錯誤を見取りながら，「きちんと伝える」ことを大事にしたいです。そこが今のボクの課題です。

　樋口先生は，今の学校での2年目になると思います。昨年度とはまた少し違った立ち位置になっているのでしょうか。大事にしていることにも変化がありましたか？

4　専門職

樋口先生

　もちろん共通する養護教諭の方もそうですが，これまでに出会った養護教諭の先生方，みなさん同様のことが言えるんですよね。これこそ専門職なんだと思います。本当にリスペクトしますよね。だから，ぼくは新しい学校に変わったときは，養護教諭の方と仲良くなろうとしています。みなさん，仲良くなりましょう。そして，コミュニケーションをたくさんとりましょう。耳が痛いことを言われることもありますが（笑）

　若松先生が書かれているように「目の前の子どもたちがどう過ごしているか」ということが結局，大事なんですよね。これこそが原点であり頂点ではないでしょうか。それがない学校に価値なんかあるのでしょうか。「目の前の子どもたちがどう過ごしているか」ということを嫌ほどに感じさせられたのが，コロナによる学校休校期間中でした。自分の無力さを悲しいほど感じました。ぼくの場合はそこで「目の前の子どもたちがどう過ごしているか」ということをこれまで以上に感じるようになりました。

　それがないのに，研究やら，こんなことしたいやら，目指す子ども像がと言っても説得力もなく，そして，誰もついてこないんですよね。これは子どもでも気づくこと。学級内でも言えることですよね。こういったことが積み重なっていくと，いずれ崩壊していくんですよね。

　「みんなで楽しくやっていこう！」と言っても，例えば授業が楽しくなかったら，例えば職員室の雰囲気が悪ければ，例えばみんなで決めたこともたった一人の管理職の意見によって覆されたら，言っていることとやっていることが違うんですよね。そこに説得力は生まれてきません。待っているのは，負の積み重ねですよ。そして，「みんなで楽しくやっていこう！」ということが理想止まりなんですよ。

　○○という実践を行ってみる。でも，何か学級が落ち着かない。何度もやってみる。でも…ということがあります。うまくいかない原因は，指導力不

足，そもそもその実践の理解不足，理念がわかっていないなど様々あること
でしょう。そんな状態でも今後も続けるのか，それともやめるのかというこ
とを判断をしないといけないときがあります。理想と現実のギャップですよ
ね。そういったときには，「目の前の子どもたちがどう過ごしているか」と
いうことをもとに判断してほしいと思っています。

　今のポジションからどのように相手に伝えていくのかということは考える
ことが大事な一方で，伝えることに躊躇していく間に負のことが積み重なっ
ていくこともありえます。ぼくからみたら，若松先生は思ったまま言えばい
いと思います。もっと言えばいいとすら思っています。それほど周りから若
松先生は信頼されていますから。

　そして，「あぁ，ボクはまだまだ何もわかっていないんだな…」と思うこ
との方がよいですよ。「ボクは何でもわかる」と思う方が危険ですよ。自分
の視野が狭まっている合図かもしれません。「あぁ，ボクはまだまだ何もわ
かっていないんだな…」ということを思わなくなったら，ぼくは先生を辞め
ようとすら思っています。

　ぼくの立ち位置はここ数年何も変わっていないと思います。新天地1年目
でも2年目であっても関係ありません。「〇年△組」という単発的な立ち位
置ではなく，「□□小学校」内の「〇年△組」という担任，「〇年△組」とい
う担任であり「□□小学校」の一員という立ち位置です。ニュアンス伝わる
かな？そして，これからも変わらないことでしょう。

5-1 専門職

若松先生

　養護教諭だけでなく，栄養教諭，事務職員…など，それぞれの専門職の方もすごいですよね。昨年度の実習や今年度，これまで以上にお話する機会が増えました。それぞれの専門職の方がされていることを見たり，考えられていることを知ったりすることで，そのすごさを改めて実感するようになりました。

　経験年数を重ねるにつれて，少しずつ「学校」を広く捉えられるようになってきた気がします。若手の頃から，自分のこと，担任している学級のことしか見えていませんでした。「自分のことで精一杯だったから」とすると言い訳みたいになります。ただ単に「見えていない」自分で終わらせてしまっていただけです。

　「目の前の子どもたちがどう過ごしているか」は，今のポジションになって改めて大事にしたいと考えるようになりました。シンプルなところに立ち戻ることで，「自分が何をすればよいか」を見つけやすくなりました。今年度当初はもうぐるぐると混乱していたので…。

　もちろん，これまでも「わかっていない」ことはたくさんありました。学級担任の頃から，「定年になってもわからないことがありそうだから，この仕事はおもしろいな」と思っていました。ただ，このポジションになって，違った視点での「わかっていない」ことが増えました。おもしろいところです。

　正直，今はできていないことがたくさんあります。自己採点は低いです。でも悲観的に捉えるのではなく，ただ愚直にできることを増やそうとしています。年度当初は「できていない」ことに押しつぶされそうになりましたが，もうやるしかありませんもんね。

5-2 変わっていない？

若松先生

　ニュアンスは伝わります。それは「立ち位置」という形式的なところが変わっていないということですか？『「□□小学校」内の「○年△組」という担任』，『「○年△組」という担任であり「□□小学校」の一員』という立ち位置という中で，樋口先生自身が思われることや感じられることに変化はありませんか？

　新しい学校で働かれたことで，１年が過ぎたことで…と，その中で少しずつ変化というものがあるのかなと思っています。そうした細かい部分が知りたいです。大きなところは変わらなくても，小さなところに少しずつ違いが出てくるのかなと思っています。

　あと，授業観，教育観についても樋口先生の中で変化はありましたか？ボクは昨年度も今年度も担任ではなく，代行で入る以外は授業をしていません。それはそれで見えることや考えられることに変化は出てきましたが，日々子どもたちと授業をしている樋口先生だからこそ，何か変化があるのではないでしょうか。

　もしかしたら，「そんなこといちいち考えていないよ」と仰られるかもしれませんが，昨年度１年間のボクとのやり取りの文章を読み直してみて，「あれ，今はこんなことを考えていないな」「今はもっとこうしたことを大事にしている」といったことがあれば教えてほしいです。じっくりと見つめ直すと見えてくるものがあるんじゃないかなと思っています。

6　若松先生のねらい

樋口先生

　なるほど，若松先生は「変化があるのかないのか」ということを聞き出したいのですね（笑）それにお答えしましょう（笑）

　それで言うと，根本はここ数年は変化は「ない」と思います。若松先生にとっては意外な意見だったのではないでしょうか。もちろん小さなマイナーチェンジとかはあるのかもしれませんが，大きくいうと「変化なし」といえます。20代から30代といった時期は大きな変化が「ある」とはっきりといえます。

　まずは，ぼくの教育観が最近は子どもたちが「今日もなんか分からんけど学校楽しかったな…」と思って帰宅してほしいというように思えるようになったからです。

　以前のぼくだと，最近の言葉を借りると「Well-being」とか「将来こんな力をつけてほしい」とか思っていました。でも，来年度以降もこの子たちを見続けることは無理なことです。それなのに遠い未来のことを目標として設定し続けるということは，何か無責任にも感じるのです。

　もちろん「Well-being」とか「将来こんな力をつけてほしい」ということは思い，様々なことに取り組んではいます。でも「この力をつけたから将来大丈夫です！」とは言えません。20代のときのぼくは平気で言えていたんですよ。周りが見えていなかったのでしょう。未来につながる現在をより大切にしようという思いがここ数年は強いのでしょう。

　ただし，常に同じ環境ではありません。昨年度の樋口学級と今年度の樋口学級はカラーがまったく違いますし，一人ひとりも全く違います。だから，根本は変わっていないもののアプローチの仕方や表現する方法には変化が「ある」と言えます。変化がある状態に選択肢を一つでも多く持てるようになることは大切です。むしろ変化がないと対応できないでしょう。これは学級という範囲ではなく職員室という範囲でも同様のことが言えるでしょうね。

そういったことが職員室で起こると，職員室から人がいなくなり，それぞれのところで仕事をするようになるのでしょうね。

　あと，相手に「変化をもとめる」ということをやめました。もちろん，セミナーや校内研で講師として呼ばれたときには，教師観や授業観を変えて欲しいと願いながら，自分の思いを伝えています。でも，人はすぐには変わることができません。大人になるとプライドもあるのでしょうね。変わろうとせずに，自分が正しいという姿をよく見かけます。プライドって，やっかいなものですね。

　ただ，人をすぐに変化させることは無理かもしれませんが，自分自身を変化させることはそれほど難しいことではありません。相手に「変化をもとめよう」とするあまりにストレスが溜まり，イライラするのであれば，相手には期待せずに自分を変化させたらよいのです。そうすることでストレスが減り，また違った見方をすることができるかもしれません。

　上記に，20代から30代といった時期は大きな変化が「ある」と書きましたが，教育観や授業観はその先生の「資質・能力」の資質にあたる部分とも考えています。能力は伸ばすことができるものの，その資質部分はなかなか伸びづらいものではないかと考えています。教育観は特に資質にあたるのではないでしょうか。ぼくは様々な先生に出会えたからこそ変化することができたのだと思います。

7-1 変化の過程

この1年間での樋口先生の変化があると思っていて，その「変化」について知りたいなと思ったのです。そんな大きな変化じゃなくて構いません。「小さなマイナーチェンジとかはあるのかもしれませんが」というところをもう少しくわしく教えてもらえませんか？

中堅以降になると，ガラッと大きな変化をすることってあまりないと思います。もちろん，何かの出会いによってそういうことがある方もいるかもしれませんが，そうでない方の方が多いでしょう。やはり「小さなマイナーチェンジ」の積み重ねですよね。

その「小さなマイナーチェンジ」をきちんとされる方ってすごいなと思っています。意識的にではないかもしれませんが，小さなマイナーチェンジをしていける自分で在り続けられるコツなどはありますか？樋口先生は，ボクよりもすごく柔軟な方です。自分のこだわりもありつつ，柔軟にあらゆるものを取り入れていこうとされるのがすごいです。

ボクは授業をしなくなったことで，自分の変化や成長がよくわからなくなってきています。今までと違う学校での過ごし方をするようになったからですかね。後でこの時期をふり返った時に，「こういう成長につながったな」「このように変化したな」ということを感じるのかもしれませんが，何か今は自分がどこに向かって進んでいるのかよく分からなくなるときもあります。

ただ，結局は「目の前の子どもたちをもとに考える」というところは変わらないからこそ，今のポジションでの毎日を大事にできています。ある意味，このポジションだからこそ「教育」や「学校」に対する視野が広がったような気がします。

7-2 自分しか変えられない

若松先生

　「相手には期待せずに自分を変化させたらよい」というのは，正にその通りだなと思います。諦めの「期待しない」ではなく，ただひたすらに自分のできることを積み重ねるしかないですよね。この「自分のできること」を低く見積もるのではなく，模索していくことを大事にしたいです。

　今のポジションに就いて，改めてそんなことを考えるようになりました。そして，「自分の見たいように世界を見てしまっている」自分についても注目するようにしています。見たいように見たらいいんですけど，そこで勝手に評価や判断をしてしまっていると，本当に「自分のできること」を見失ってしまう気がしています。

　「資質・能力」って，「コンピテンシー」をもとにされた言葉ですが，「資質」と「能力」を分けるのではなく，「コンピテンシー」のようにひとまとまりとして捉えています。その「資質・能力」「コンピテンシー」内には「知識」「スキル」「態度・価値」だとか，「スキル」の中でも「認知的スキル」や「社会的スキル」など，いろんな要素が含まれていますよね。本当に複雑なところです。

　その「態度・価値」の部分の変化や成長は，「観を磨く」ことをどう進めてきたかによりますね。大人の学習で大事になる「変容的学習」については，これから更に注目していこうとしています。教職大学院の修了論文でもそこら辺を中心に学び考えました。

8-1 マイナーチェンジの正体

樋口先生

　ついつい，ぼくたちは変わらないといけないと思ってしまうのかもしれません。でも，本当に変わる必要があるのでしょうか。いや，変わったと思っていることも本当に変わっているのでしょうか。

　変わるということは現時点で何かできていないことや不足していることや不安なことがあるといった思いがあるからでしょう。

　でも，裏を返せば「できている」ことがある，「満ちている」ところがある，「自信」があるということもあるということです。そこにもっと目を向けてみるとよいのではないでしょうか。

　思っているよりも，できていることは多いです。できていることにもっと自信を持ってもよいと思います。その自信にしたことをもっと学級経営や授業づくりに活かしたらよいのです。

　絵を描くことが得意な先生は，クラスみんなの似顔絵を書き，それをマグネットに貼れるようにしておきます。授業中に発表し，黒板に発表内容を書き，そのところにマグネットを貼る。そのような取り組みをすると，交流が盛んな学級になるかもしれません。

　こういう自分の強みを活かした取り組みができる人は強いです。また，自分の弱さにも気づいているのかもしれません。

　ぼくが「小さなマイナーチェンジとかはあるのかもしれませんが」と書いたのは，樋口万太郎のできていることやよさを自分自身が自覚をしているからです。

　自分の身の回りにあるヒト・モノ・コトとそういった自分のできていることやよさを結びつけようとするとき，必ずしもガッチリと結びつくわけではありません。

　そういった意味で，「目の前のヒト・モノ・コトにアジャストするために変える＝マイナーチェンジ」ということなんです。だから，語れることがな

いんです。

　また，自分では大きく変わった！と思っていても，実は変わっていなかったということもあると思います。変わることって，想像以上に力のいることなんです。

　だから，まずは自分を変えるというより，

自分を見つめ直す

というところがスタートなのかなと思いました。

8-2　変わるためには

樋口先生

　変わるためには何が必要か。それは，失敗とリフレクションなんだと思います。人は誰もが失敗をする生き物です。だからこそ，失敗をしたときには振り返りをし，次へと活かす。この繰り返しにより，何かが変わるのかもしれません。

　ぼくはこういった執筆が振り返りになっています。過去のことを振り返り，大きな失敗から小さな失敗まで赤裸々に書き，自分の思いなどを書いています。きっと若松先生はぼく以上にしているのでしょうね。

おわりに

　本書を最後までお読みいただき，ありがとうございました。読者の皆様の心に残ったことはどのようなものでしょうか。

- 「たしかに！」「あぁ，そうか‼」という発見
- 「うんうん」「わかる」という共感
- 「いやいや…」「本当に？」という疑問

…など，読みながらいろんな反応が生まれたのではないかと思います。ボクが一人で書いたことを読む，樋口先生が一人で書いたことを読むのとはまた違った読み方をされるのかなと考えるとおもしろいです。

　樋口先生が「はじめに」で書いておられるように，ボクと樋口先生は2021年度まではいっしょの学校で働いていました。毎朝校門で話すだけでなく，いろんな場面であれこれ一緒に話せたことで，見方を広げたり考えを深めたりすることができました。お話しされていることを聴くだけでなく，樋口先生が実際に子どもたちと関わっておられる姿を見ることができておもしろかったです。

　2022年度，樋口先生は他校へ，ボクは教職大学院に行きました。本書は主にその1年間のやり取りです。勤務する場所，過ごす場所は変わりましたが，こうして継続的にやり取りできるのはおもしろかったですし有り難かったです。校門でできる会話とは違い，こうした場でのやり取りには「間」があります。樋口先生が書かれる一つ一つの言葉や文章にじっくりと向き合いながら，あれこれ考えを巡らして返答しました。結構時間がかかった時もあります。

　その「間」に入り込む読者の皆さんの思考にも興味があります。また，読者の皆さんともあれこれ一緒に話せればおもしろいです。ぜひ，お声かけください。よろしくお願い致します。

　最後になりましたが，明治図書出版の及川誠氏，安田皓哉氏には大変お世話になりました。この場を借りて心よりお礼申し上げたいと思います。樋口さんとこうした機会をいただけて本当に有り難かったです。

若松俊介

【著者紹介】

樋口　万太郎（ひぐち　まんたろう）
1983年大阪府生まれ。大阪府公立小学校，大阪教育大学附属池田小学校，京都教育大学附属桃山小学校を経て，香里ヌヴェール学院小学校に勤務。教職19年目。「子どもに力がつくならなんでもいい！」「自分が嫌だった授業を再生産するな」「笑顔」が教育モットー。オンラインサロン「先生ハウス」主催。

若松　俊介（わかまつ　しゅんすけ）
1985年生まれ。大阪教育大学小学校教員養成課程教育学コース卒業，京都教育大学大学院連合教職実践研究科修了，教職修士。大阪府の公立小学校で５年間勤務し，現在，京都教育大学附属桃山小学校主幹教諭。「国語教師竹の会」運営委員。「授業力＆学級づくり研究会」会員。「子どもが生きる」をテーマに研究，実践を積み重ねている。

樋口万太郎・若松俊介
たりない２人の教育論

2024年３月初版第１刷刊	©著　者	樋　　口　　万　太　郎
		若　　松　　俊　　介
	発行者	藤　原　光　政

発行所　明治図書出版株式会社
http://www.meijitosho.co.jp
（企画）及川　誠（校正）安田皓哉
〒114-0023　東京都北区滝野川7-46-1
振替00160-5-151318　電話03(5907)6703
ご注文窓口　電話03(5907)6668

＊検印省略　　　　組版所　中　央　美　版

Printed in Japan　　　　ISBN978-4-18-106227-9
もれなくクーポンがもらえる！読者アンケートはこちらから